天下雜誌

觀念領先

最低的
水果
摘完之後

顏擇雅

目次

第四輯

第五輯

序

我寫這本書的初衷很單純，就是受不了大家在唱衰台灣。對我來說，台灣問題就是最低的水果摘完了，如今應該趕緊打造工具去摘更高的水果。

先進國家都老早摘完伸手能摘的水果，之後又經歷多次「摘完某一高度水果」的時刻。一九八二年我去美國念書，美國就處於如此窘境，媒體都是關廠、裁員新聞，大學生畢業即失業，街頭遊民暴增。但在此之前，自從一七七六年宣布獨立，美國已有過四十幾次衰退，每次都挺過來了，因此我沒聽到美國人自己在唱衰美國，或嫌年輕人一代不如一代。

台灣如今盛行唱衰台灣，一大原因是從前都沒遇過悶經濟，缺乏經驗，因此特別徬徨，感到無望。

那麼，台灣為何會遲至二十一世紀，才第一次感受到悶經濟？美國經濟頻頻摔跤，台灣自從一八五八年開港，除了兩次政權暴力更迭的短暫動盪，可說一帆風順，是因為台灣比較厲害嗎？

當然不是。美國走在前面，每次遇到危機都必須花時間辯論，嘗試錯誤，才漸漸學會如何產業升級，維持市場秩序。美國付學費學到的寶貴經驗卻是全世界皆可參考。美國人工成本上升，就發展出國際分工體系，Made in Taiwan玩具、成衣因此在六、七〇年代大量湧入美國，台灣卻無需自己研發生產技術。先行者跌撞，追隨者平順，道理在此。

換成果樹的比喻，就是台灣光靠發展落後這一點，手摘水果數量就注定多於美國，才能摘這麼久。中國又在台灣後面，手摘水果又比台灣多，目前好多還沒摘完。這是中國成長率高於台灣的最主要因素。扯年輕人只追求小確幸是扯遠了。就算年輕人真是小確幸世代，這也是悶經濟的果，不是因。

我說台灣從前摘到的水果比較低，並無對前人不敬的意思。台灣在六〇年代從進口替代轉型為出口導向，八〇年代又發展成高科技電子大國，都是了不起的成就。問題是過往的成功經驗已經無法複製。如今，我們只能記住「此一時也，彼一時也」，專注為現有問題尋求解方，而不是緬懷過去。

緬懷過去最常見的一種形式，就是「典範在夙昔」。記住尹仲容、李國鼎的貢獻雖然重要，但是「典範在夙昔」卻常有一種弦外之音，就是經濟下滑都怪官員不如從前能幹。

在言論自由的時代，官員被嫌笨是正常的。就算官員真的能幹，其政策也往往三五年才見真章，讓批評者沒話說。但要以為台灣問題是因為官僚今不如昔，卻是思考怠惰。尹仲容、李國鼎成功，是因為抓住國際分工體系初步成型的機遇。台灣的經濟奇蹟放在東亞也不奇特，前有日本，後有中國，同期則有其他三小龍。

我們要如何確知，今日檯面上那些大家公認很笨的官僚，把他們丟去五十年前，就無法創造經濟奇蹟？換一個問法：倘使尹仲容、李國鼎重返人間，憑他們的眼界，就有辦法處理今日難題嗎？

例如中國崛起，就是尹仲容、李國鼎從沒處理過的一道難題。自家果樹可以手摘的水果摘快完時，鄰居突然邀你去摘他家水果，而且他家果樹還特別多株，株株都水果低垂，這時你會想留在自家果樹下嗎？

李登輝於是鎖起門來不准自家人去隔壁。理論上，「戒急用忍」很正確，因為人除非不敢覬覦別家的低垂水果，不然不可能認命好好研究自家越來越難摘的水果應該怎麼摘。問題是，在自由民主時代，鄰居說歡迎我去摘，自家人憑什麼不准我去？

這又是尹仲容、李國鼎不必面對的另一難題。他們手裡的政策工具，例如管制外匯、限縮金融業務，後來皆已消失。威權時代要執行「戒急用忍」也許容易，但其配套是各種法規鉗制市場，一定打擊經濟。

這是「典範在夙昔」反映的另一種思考怠惰：明明威權已經結束很久，我們卻還在期待強人。從前人民無法當家做主，因此思考不是人民的事，是強人手下官僚的事。緬懷尹仲容、李國鼎，很大成分是在緬懷那個重要決策都天高皇帝遠的時代。

台灣進入民主時代後，政治人物都很愛講「拚經濟」。這三個字的頭號問題是空洞，讓人誤以為目前瓶頸只是意願問題：只要政府有心，經濟就能上去。第二個問題是「拚」字很誤導。難道台灣還停留在拚就能贏的階段嗎？許多企業主顯然這麼想，工時才會越來越長，終於逼出大減工時彈性的「一例一休」。

事實上，任何經濟體只要「摘完某一高度水果」，面臨的一定是知識問題，還有取捨問題。所謂知識問題，就是人力水平必須提升。尹仲容、李國鼎規劃的產業環境只需要少數菁英念大學，台灣要挺過悶經濟卻需要大量高階人才，因此本書有多篇文章討論高等教育。

至於取捨問題，是指改革一定會侵犯某些人利益。台灣上次有嚴重侵犯少數人利益的改革，就是「三七五減租」與「耕者有其田」。推行當時如果像今天一樣自由民主，地主一定也天天上街抗爭，提起行政訴訟，並發動連署罷免立委。

某些取捨的重點則不是利益分配，而是價值。尹仲容、李國鼎的時代人民普遍都窮，因此沒人在講公平正義。但如今人民已有十分之一大富或中富，三分之一目前不富不貧，但正漸漸趨貧。公平正義已是目前社會上正進行的最重要討論。本書多篇文章，例如關於富人稅、房屋稅，都是我加入討論的嘗試。每人重視的價值不同，我個人較重視自由。

當然我無法說服所有人同意我主張。但我至少希望說服大家能夠跟我一樣樂觀，更懂得欣賞台灣的優點。例如我就認為，台灣只會代工這一點並不可恥。只要行銷與製造分流，製造都叫代工。看來二者還會繼續分流，因此只要台灣依然擅長代工，就會製造業很強。

很強的製造業，一定是建立在穩固的智慧財之上。像鴻海、台積電在美國都是專利大戶。相反的HTC手機即使全盛時期，專利也不多。Nokia與Motorola賣掉手機部門，賣的其實是智慧財而不是品牌，因為智慧財比品牌長久。在科技快速變革的時代，品牌可以樓塌樓起，智慧財卻不能平地起高樓，必須一樓樓往上蓋。因此，代工創造的附加價值也許沒有少數成功品牌高，它提供的就業質量與穩定度卻大大勝過品牌。代工也代表我們擁有製程上的珍貴智慧財，不是別人可輕易取代。

許多人對台灣悲觀還有一原因，就是動不動拿台灣跟中國比。書中很多文章討論中國，就是要指出這種類比的不恰當。兩邊地理條件不同，發展階段亦不同。中國年輕人狼性，是因為狼性在中國依然有用。等中國亦摘完最低水果，年輕人自然會變另一種性格。

還有一種悲觀，是凡事都怨怪中國。台灣產業沒升級，某一階段的確可以歸咎中國磁吸，如今卻較多是我們自己的問題。很多時候，中國只能說是照妖鏡，照見我們有哪些缺失。

我在書中分析這些缺失，用意是要指出，台灣雖然有很多問題，卻都是可以解決的。水果不等人，成熟就會紛紛落地，爛掉，因此我們不該浪費時間。只要我們這次學會摘取伸手搆不到的水果，後代就會更有自信，將來再度「摘完某一高度水果」一時，就不會再有那麼多人唱衰台灣。

第一輯

熱血是兩面刃

本來，「熱血」一詞指的是報考軍校，效忠領袖。在七十年代，每年國慶看電視轉播閱兵大典，都會聽見「我們熱血沸騰」這種句子，下面通常緊接：「期待反攻大陸」。不用說，在解嚴後，這詞就少聽到了。

但進入新世紀，這詞再次頻頻出現，而且比從前更流行，還在二〇一一年六月登上《商業周刊》封面。但這大大的「熱血」兩字除了寫法一樣，已跟舊詞沒多大關係。這次語源是日本電玩《熱血》系列，這系列的角色設定都是高中生，在螢幕上從事格鬥、踢足球、玩躲避球等各類肢體競賽。如今，志願役已不算熱血，但辭掉工作去當背包客就很熱血，向企業募款去參加南極越野賽也是熱血，還有反迫遷上街、抵押房子拍電影也通通算熱血。

只要年輕人大膽追夢就是熱血嗎？也不是。像一九九一年台語流行歌〈向前走〉裡的主角，雖說「什麼都不怕」（啥米攏毋驚），隻身北上奮鬥，以今天的說法就只能說他上進，不能說熱血。除非他來台北開的是公平交易咖啡店，經常舉辦公民講座，還讓獨立音樂CD在店中寄售，才能說熱血。

因為，「熱血」有個必要元素，就是不能功利。在台北存錢買房，以台北的高房價，這種夢想的挑戰性當然不輸給南極越野，但這種夢想太世俗了，不能說熱血。

因此，「熱血」一詞流行起來，背後必須有一種「別光看價錢，也要想想價值」的時代氛圍。這點，台灣算是貼近世界的。二〇一二年，美國密西根大學教授海倫·福克斯（Helen Fox）出版《他們的最高志業》（*Their Highest Vocation*）一書就指出，千禧世代（一九八二到兩千年之間出生）是有史以來最關心公平正義、環保的一代。

「熱血」的第二個元素，是必須付諸行動。二〇一四年前後，台灣出現許多街頭抗爭，這一現象雖可用占領運動（Occupy Movement）這個全球脈絡去理解，歐美等國具備動員力的議題卻沒台灣多元，一下反核，一下反迫遷，一下反媒體壟斷，一下反東海岸開發。

還有一種行動無關議題宣示，而是返鄉務農、開設文創小店，以改造家鄉為職涯選擇。動機當然是愛土地，但背後也有「悶經濟」的環境因素。物價漲但薪水不漲，台北只是生活更緊張，居住品質更糟，卻不復有〈向前走〉歌詞暗示的那樣充滿機會。既然如此，年輕人何不返鄉創造機會？

機會變成可以創造，有些是拜科技進步之賜，像電子商務、物流，但更多是要憑返鄉者的信念，而「熱血」的第三個元素就是做自己。

台灣近年愛講「做自己」，書報雜誌經常給讀者灌輸「發現自己的天才」或

「走自己的路」這種訊息。這跟中國官方最愛灌輸的「把握機遇」剛好是對照。「把握機遇」言下之意就是年輕人應該記住上一代、上上代何等倒楣，相較之下你何等幸運，形勢一片大好，你不把握是你活該。

「做自己」則是勸你別相信權威，別人意見都聽聽就好。當然你爸媽給意見都是為你好，問題是台灣已無法再複製過往成功經驗。要年輕人「走自己的路」，言下之意就是承認台灣已經發展到一個瓶頸，形勢目前不太好。

但過度標榜「走自己的路」，卻可能忽略自我準備的死功夫。導演魏德聖正是「熱血」看板人物，他不畏艱難拍出《賽德克巴萊》的確很熱血，該片也獲得金馬獎最佳影片，其缺失卻跟優點一樣明顯。例如結尾的彩虹橋就被取笑是「八仙過海」，應該很悲壯的一幕，卻假假的讓人尷尬。

問題來了：魏德聖為何不多累積經驗，再來處理企圖宏大的題材？諾蘭如果拍完《記憶拼圖》，就很熱血地緊接拍《敦克爾克大行動》，《敦》片會有今天成績嗎？第一部作品預算才五千萬台幣，第二部就跳到七億，魏德聖太性急了。

「熱血」另一缺點，是失去現實感。現實感並不是功利，而是要理解驅動變化的力量。二〇一五年，大學甄選委員會公告申請分發結果，第一窄門竟是政大傳播學院，四十九個招生名額，多達一千零八十二人報名。傳媒界近年常傳出縮編、優退、人事凍結的消息，學子卻趨之若鶩，難免讓人懷疑：這些孩子是不是全沒現實感？

傳媒環境惡化的力量不只一種。一來是求職、找屋分類廣告整個移去網路，二來是網路太多免費新聞，讀者從此不願再花錢訂報、買報，這些力量都是全球性的。

台灣還有一個問題是國外沒有，就是在網路狂潮襲來之前，傳媒曾出現過一個投資大泡沫。這泡沫不能怪資方愚蠢，只能說是政策使然。

這政策就是一九八八年報禁解除。若只看言論自由，這當然是正確政策。但若看產業發展，時間就很糟了。報禁解除並沒做大市場，卻將所有報社推入你死我活的市場餅塊爭食戰，也就是投資競賽。在網路狂潮襲來前夕，也就是第一份電子報（中時）成立的一九九五年，街頭書報攤天天都擺售二十幾份日報，三份晚報，每份動輒數十大張，賣不掉就當廢紙回收。

投資過度之後一定是投資緊縮。這時網路狂潮來得又快又急，就是雪上加霜。偏偏資方皆因前幾年燒錢太多而侷限了應變空間。

媒體獲利緊縮，只好做起置入性行銷。記者變成不是在報導，而是配合活動發稿。媒體為了接案順利，報導尺度也必須拿捏金主喜惡，相當折損記者尊嚴。

孩子知道這些嗎？政大傳播學院副院長陳儒修說，他們都在申請資料上批判傳播亂象，嚮往當記者。看來都一腔熱血，但他們知不知道，寫公關稿的記者其實也曾滿腔熱血？傳媒根本不缺熱血，只缺獲利模式。

或許，「獲利」兩字離孩子的志趣太遠。或許他會指出，環境再糟，每年還是會出現幾篇震撼人心的報導。這種報導是推動進步的力量，也是他想念傳播的理由。問題是，這種報導背後除了熱血與才華，也需要媒體老闆給的位置。沒錯，這種位置不會消失，只是取得位置必須面臨的競爭將變無比激烈。

打敗眾多對手擠進政大傳播的學子一定飄飄然，以為已接近夢想一大步。殊不知申請大學再怎麼競爭，也不如進社會之後。屆時，競爭對手可能大你五屆，甚至十屆。才華不見得勝過你，卻有幸經歷過你來不及加入的時代，那個一去不返的過度投資時代，因此在歷練、人脈上大大勝過你。這樣，你憑什麼跟他們競爭？

往正面想，是人人可以創造自己舞台。在傳媒界，自創舞台就是變成獨立記者。即使在傳媒最風光的六十年代，美國也出現過偉大的獨立記者以撒多．史東（I. F. Stone），他自寫自編《史東週報》，影響力直追《華盛頓郵報》。近年全球最知名的獨立記者則是挪威的奧斯娜．塞厄斯塔（Asne Seierstat），她三十二歲寫成《喀布爾的書商》一書，已被譯成四十九國語言。

這些成功典範往往具有深厚的基本功。塞厄斯塔精通九國語言。史東的剖析角度往往獨樹一幟，可以一眼看出官方說法破綻。這就回到上文提到的，標榜熱血最怕輕忽自我準備。

當然，「悶經濟」在台灣竟會創造熱血精神，我們應該感到欣慰才是。畢竟日本「失落二十年」只是把年輕人變御宅族，義大利的青年高失業率則製造更多媽寶。只是，青年在熱血之餘，最好也能好好強化自我準備與現實認知，這樣追夢的路才可以走更長遠。

小確幸不該是沙漠

「小確幸」一詞原來是村上春樹某篇隨筆的標題，收入一九八六年出版的《蘭格漢斯島的午後》一書，他後來在一九九六年出版的《尋找漩渦貓的方法》一書繼續闡述這個概念。只是，一來它不符合日語「兩個形容詞的漢字不可相連」造詞規則，二來是與「小學校」同音，因此至今沒變成日語詞彙。沒想到台灣在二〇〇二年與〇七年陸續推出兩本書的中譯，三個字在中文很快流行起來。

在《蘭格漢斯島的午後》中，小確幸是買內褲，村上春樹卻沒解釋為何他給自己買內褲會有小小確定的幸福感。到了《尋找漩渦貓的方法》，定義就比較清楚了：「想要在日常找到自己的小確幸，多少需要一些必須遵守的個人規範。」給的實例是「耐著性子激烈運動後，來杯冰涼啤酒的感覺。」也就是說，小確幸必須與自律互為表裡。

講到村上春樹的自律，就要講到他天天跑十公里的習慣。孤獨長跑是他鍛鍊體魄的方式，每天跑跑跑，是為了每天寫寫寫。數十年如一日，他總是四點起床，一寫就五、六個鐘頭，不寫小說就寫隨筆，做翻譯。下午跑步，其餘時間聽音樂、閱讀，每晚九點上床。靠這種自律，才年年有新作問世。

換句話說，村上春樹心目中的小確幸，其對應是「充滿未知的大奮鬥」。正因他在專心寫作時無法確知作品成敗，專心跑步時亦不知身體哪天會老朽不聽使喚，一杯冰涼啤酒才成為小確幸，一口氣買五六條不同顏色的內褲回家也能產生小確幸。

「小確幸」一詞也許來自村上春樹，概念卻古已有之。《論語》中，曾點稱志向是「浴乎沂，風乎舞雩，詠而歸」，孔子那句「吾與點也」，就代表聖人也擁抱小確幸。差別是，對孔子來說，小確幸就是一種素養，無關志向大小，當然就無關乎「必須遵守的個人規範」。

然而，如今台灣「小確幸」卻不是孔子那種。語源雖來自村上春樹，意義卻已不同。它成了「大夢想」的相反詞：不敢奢求大夢想，只能追求小確幸。

小確幸本身是很好的概念。大幸福本來就應該由許多的小幸福累積而成，幸福也的確不必花大錢。但是，一旦把它變成買不起房、工作缺乏成就感之後的一種刻意追求，就是另一回事了。

村上春樹筆下的小確幸，像喝啤酒、買內褲，都是日常不可少的點綴。但台灣今天所謂的小確幸像吃brunch、看電影、泡咖啡館，卻是一種生活步調，一種排遣時日的方式，不是點綴。

看到有人二十幾歲就過brunch、電影、咖啡館這種日子，我第一個想法是他還沒找到志趣。不管學歷多高，每人進職場都需要從頭學起，這點無關乎世代。只要熱愛工作，下班後就一定也在想工作，不然就是透過學習補強職能。如果不熱愛工作，就應該換工作試試看。不把握進入職場的黃金十年多方探索，卻在追求小確幸，不是很可惜嗎？

也許他回答：「不用，謝謝，反正再怎麼努力也買不起房，換工作幹嘛？」我會反問：難道工作對你的意義就是買房？就是領薪水？買房是一種幸福，但在工作中自我實踐也是一種。如果買房已不可能，為什麼不是透過工作得到自我肯定？畢竟brunch、電影、咖啡館只能是一種生活風格，不可能帶來自我肯定。

我還有一串問題：如果以買不起房做為追求小確幸的理由，那搬進社會住宅之後呢？你會因此無後顧之憂，轉而追求工作成就嗎？還是說，你只會把小確幸換成中確幸，在社會住宅永遠住下去？你一直住下去，下一代年輕人怎麼辦？逼政府去強徵民地蓋更多社會住宅嗎？

年輕人可能會說：再怎麼換工作，還不是低薪，被老闆剝削？真要描述職場壓榨，例子一定也很多。但這一切有個原因就是產業沒升級。事實上，產業沒升級也是資金湧入房地產的一大原因。年輕世代要拿產業沒升級來怪上一世代，上一世代只能認了。

不過，上一世代沒讓產業升級，原因不就是不夠努力嗎？年輕人要怪上一世代，自己就應該更努力。怎可以一邊怪上一代，一邊繼續不努力？上一代不努力，方式是西進中國壓低成本，不思創新；年輕世代不努力，方式則變成brunch、電影、咖啡館。方式不同，但都是不努力。

在《尋找漩渦貓的方法》中，村上春樹寫道：「要是少了小確幸，人生只不過是乾燥沙漠而已。」這裡「沙漠」指的是村上本人的跑步與寫作。村上顯然認為，自我實踐很重要，但人生不該只有這些。但是台灣定義的小確幸卻看不見自我實踐，這種小確幸有辦法在沙漠中找到綠洲嗎？

恐怕正相反，這種小確幸本身就是無垠沙漠。

狼性不是解方

二〇一五年八月，台生在海基會舉辦的研習營分享赴對岸求學的感想，報紙出現如下標題：「陸生求學狠如狼，台生看傻眼」。文中說，陸生念書認真，表現積極，狼性十足。

「狼性」雖是近年對岸流行過來的辭彙，用它來形容念書，卻是台媒獨創。對岸描述學習狀況，使用的是另一套詞組：功課好是「學習很牛」，用功又功課好是「學霸」，「學渣」指用功卻功課爛，不必用功又功課好則叫「學神」。

有一則笑話：「學渣覺得題目有兩種：好像會的，不會的；學神也覺得題目有兩種：會的，老師出錯的。」這點全世界都一樣，學生中都有學渣、學霸，也有極少數學神，不能只用狼不狼性去區分。

何況，用「狼性」來形容用功也很奇怪。用功原因不見得是求勝心，也可能是求知慾，或從小習慣服從權威，或不打工所以讀書時間較多。單純說台生「缺乏狼性」，不只有一鍋煮之嫌，也於事無補。如果台生問題是缺乏求知慾，鼓吹狼性就是下錯藥，應該是從教學品質去改善才對。

很諷刺的，就在台媒報導「陸生求學狠如狼」前不久，英美剛好也出現「陸生學力欠佳」的報導。美國是二〇一五年五月，厚仁教育（一家課輔業者）發布「美國大學一年退學八千陸生」的數字，並說絕大部分原因是功課糟與作弊。英國則是二〇一四年四月《衛報》報導，陸生在英國拿到優等學位（First-Class and Upper Second-Class Honours）的占比不只低於本地生，也不如歐盟以外留學生。

換句話說，在英美校園，陸生學習根本不「牛」。《衛報》還引述巴斯兩位學者Zhiqi Wang與Ian Crawford的調查發現：陸生剛進英國大學，成績都算好的，是年級越高，功課才每下愈況。可見問題出在學習方式。學習內容只需死用功時，陸生是贏在起跑點。但等到高年級，需要分析辯證了，陸生就跟不上。

台灣卻只看見陸生「狼性」，一大原因可能是兩岸學生缺點其實很相似，複雜思考一向也不是台生強項。二來，台灣社會老早就認定大學生不用功，現在說「缺乏狼性」，只是換個詞而已。

「狼性」一詞來台，應是二〇一三年九月《今周刊》封面「狼性襲台」開始。報導中說對岸年輕人有狼性，台灣則只有羊性，這其實已經賦與「狼性」新定義。在對岸，「狼性」指的是某種企業文化，而非世代性格，除非針對文革世代。四人幫倒台後，紅衛兵偶會被稱為「狼孩」。

二〇〇四年姜戎小說《狼圖騰》暢銷，陸媒才出現「狼性企業」的說法，代表企業是華為。之前，華為快速崛起時，財經記者使用的是「土狼精神」一詞。是《狼圖騰》帶動了《狼道》、《狼魂》、《跟狼一樣思考》之類的出版潮，「狼性文化」

才取代「土狼精神」，跟華為劃上等號。

二〇一二年十一月，百度執行長李彥宏發了一封內部郵件〈鼓勵狼性，淘汰小資〉，「狼性」又在對岸引起熱議。郵件中給的定義如下：「敏銳的嗅覺、不屈不撓奮不顧身的進攻精神，群體奮鬥」。如果台媒沿用同一定義，應該是探討台灣企業怎麼失去這些特質才對，例如王品怎麼失去市場嗅覺，宏碁怎麼失去進攻精神，怎麼變成針對年輕人？

變成針對年輕人，「狼性」定義就沒有敏銳嗅覺與群體奮鬥這兩項。這兩項針對的若是人而不是企業，聽起來就很好笑：群體性聽起來像缺乏自我，敏銳嗅覺聽起來既功利又現實。

因此，「狼性」在台灣定義就只剩下「不屈不撓奮不顧身的進攻精神」。將年輕人比喻為羊，就是嫌他們不積極不進取的意思。

問題來了：台灣的問題難道是年輕人不積極、不進取？沒人可以說科技業不夠積極進取。業內上下都操勞過度，二〇一五年短短三個月就英年早逝了五位菁英（註），二〇一一年宏達電也出過三十歲工程師過勞死的新聞。為什麼產業還是陷入困境？

其實台媒所稱道的那種「狼性」，別說台灣年輕人身上看不到，歐美年輕人身上亦看不到。矽谷誰在說狼性？電影《華爾街之狼》的「狼」指的是詐欺作弊。

原因很簡單，經濟發展到某一程度，「狼性」就沒用了。在矽谷、西雅圖，積極進取根本不夠，你還必須要有創意與獨特洞見。因此矽谷、西雅圖講的是熱情與企業使命，不是「狼性」。

對岸年輕人如果比較積極進取，也是經濟發展某一階段的自然現象而已。市場還在起飛，升遷機會多，年輕人自會展現台媒眼中那種「狼性」。台灣老早過了「愛拚就會贏」的階段，對岸正處於這個階段。等最低的水果摘完，機會變少了，「狼性」自會消褪。

因此，對岸那種不需要激勵的年輕人是特例。要不然在全世界，年輕人都是最需要激勵的族群。激發出年輕人的熱情與使命，為他們指出方向，本就是資源擁有者不該逃避的責任。一味鼓吹狼性，聽起來像激勵，潛台詞卻是「年輕人不該需要激勵」。中老年若懶得激勵年輕人，不是一種逃避責任嗎？

註：五位分別是華碩財務長張偉明（五十歲，燒炭）、世界先進前董座章青駒（六十七歲，癌）、茂迪榮譽董事左元淮（六十八歲，癌）、瑞昱副總李朝政（四十九歲，墜樓）、宏碁泛美事業群總經理蘇密特（三十八歲，癌）。

菲律賓最懂「走出舒適圈」

曾幾何時，台灣出口的不再只有電子組件與機械，還有人力。如今，那麼多年輕人在新加坡做服務生、在澳洲做屠宰工，讓人不免憂心：台灣是否會步菲律賓後塵，變成移工來源大國？

菲律賓做為移工來源國有一點奇特，就是其出口人力不限低端，亦不乏中高端。在東京，菲人是樂團吉他手。在羅馬，菲人是醫技人員。在沙烏地阿拉伯是煉油工程師，在杜拜則從事室內設計和程式設計。他們佔杜拜人口五分之一，還有自己的報紙、電視、時尚雜誌。

從前我們不會把台灣想成菲律賓，因為從前台灣只有高端人力輸出，而且只輸向中國。現在不只高端流向中國變嚴重，連低端也輸往新加坡、澳洲了。說真的，像這種高中低端人力皆外流的現象，除了菲律賓，還想不到其他類比。

菲律賓輸出人力，一開始是無心插柳。六〇年代美國出現護士荒，菲律賓因為具備語言優勢，就有大批護士赴美工作，她們省吃儉用，將收入匯回補貼家用，政府馬上意會過來，這是賺取外匯的捷徑，遂在一九七四年把人力外移變成政策，先輸出營建工人和船員給波斯灣國家，再輸出家事工作者給香港。台灣引進菲傭則是一九九二年。

如今，菲律賓經濟已經高度倚賴移工匯款。政府每月公布匯款數據，就好像我們政府公布出口數據一樣。報紙經常一版做匯款旺房市、旺內需的好消息，另一版報導菲勞菲傭海外受虐的慘劇。但舉國皆習以為常，二〇〇三年艾若育總統訪美，還宣稱自己不只是一國之首，還是「八百萬海外菲人全球企業的執行長」。

台灣媒體報導年輕人赴海外工作，有個正面說法：「走出舒適圈」。這也很像菲律賓媒體，常配合政府大讚移工為「國家經濟英雄」。事實上，菲律賓以幫別國做人力仲介來拚經濟，幫別國做職訓來拚教育，是付出莫大代價的。

第一種代價，是連連錯失改革時機。靠移工匯款來賺外匯，表示菲律賓在六、七十年代不必像四小龍一樣發展加工出口業，不必努力提升生產力。農業生產力不必提升，大半土地就可以繼續掌握在一百六十個家族手裡，讓土豪階級壟斷民選官職。

工業生產力不必提升，執政者就可以用保護措施犒賞樁腳。美其名扶持本土工業，其實是利益輸送。事實上，現任總統杜特蒂明明滿嘴髒話，鼓勵警察當街槍殺嫌犯，支持度卻居高不下，一大原因就是人民已徹底對舊有權貴失去信任。

不過，菲人離開學校就勇於「走出舒適圈」，付出的更大代價卻是分裂家庭。政策已施行四十年，表示已有兩代小孩在成長過程中沒有爸爸或媽媽在身邊。「無親二代」努力學習，目標是赴海外賺錢，好讓爸媽回鄉享福。這樣，下一代就會是

「無親三代」。

看到菲律賓經驗，台灣怎還能鼓勵年輕人「走出舒適圈」？要鼓勵，也應是針對企業家。企業家要勇於投資新科技，或拓展海外市場，帶動生產力提升，薪資才會上漲。此外，政府也應該「走出舒適圈」，廢除所有阻礙創新的法規。

台灣天然資源比菲律賓還少。不只石油、天然氣需要進口，連手作卡片的紙漿、吳寶春麵包的麵粉亦需要。換句話說，為了維持生活水平，台灣永遠都有賺取外匯的壓力。在變動迅速的全球產業版圖，台灣必須隨時找到自己的優勢。

要年輕人「走出舒適圈」，好像可以解決薪資太低的燃眉之急，卻可能害我們錯過找到優勢的時機。因此，下次講「走出舒適圈」，希望別再針對年輕人，而是針對企業與政府。

該跳的槽，不該跳的槽

一七一七年，作曲家巴哈想換東家，向威瑪公爵遞出辭呈。這位老闆很生氣，就把這位竟敢有二心的員工抓去關。但巴哈坐了二十幾天大牢，還是堅持跳槽，公爵沒奈何，就放他另謀高就了。

今日雇主已沒威瑪公爵那種權力，但心態還是一樣，只要員工還好用，就不想看他另謀高就。因此年輕人換工作在企業家眼中常是壞事。若從企業角度來看，員工流動率高，招聘訓練的費用就會增加，當然不是好事。

但從員工角度看，跳槽是不是好事，就要看情形了。如果才三十出頭，工作就變成原地踏步，不跳槽絕對是壞事。美其名曰得心應手，其實是停止累積。美其名曰忠誠，其實是安於現狀。

如果把投履歷、面試當作一種自我驗收，也看不出有何不妥：你在現有崗位上有累積到別家企業想要的技能嗎？你不受重用是主管有眼無珠，還是別家看你也不過爾爾？這樣跳槽成了，可獲全新舞台，不成也至少學會虛心。

三十五歲前，只要能擴大視野，都是該跳的槽。巴哈為跳槽而坐牢那年是三十二歲，已在威瑪工作九年，卻遲遲無法晉升為樂團總指揮。對一位作曲家來說，能否擁有自己樂團太重要了。因此，一旦別處願意給他樂團總指揮的位置，他就非跳槽不可。

但如今許多年輕人跳槽卻是以錯誤理由。一是嫌公司小。年紀輕輕就進大企業，不只同學羨慕你，爸媽也有面子。常說的優點是制度完善，但這也可能是缺點。螺絲釘各司其職，不知道別部門在做什麼，也不知道決策者的思考過程。台積電三萬多員工，多少跟張忠謀面對面開過會？反而在一百人的小公司，人人都有機會跟決策者開會，不同部門也知道彼此在做什麼。這樣反而有益增廣視野，尤其是快速成長的小公司。

也有人嫌公司內部派系鬥爭。但這是老闆才應該煩惱的事，輪不到你。公司內山頭林立，主管一定很想擴張勢力範圍，想安插人馬到別的部門，也想籠絡人心。這樣，年輕人不是更容易受到栽培，更容易得到加薪？

公司不穩定是否構成跳槽的理由，也值得商榷。主管常常換，每換一個新主管，下面都要重新適應一次，乍聽很糟，但問題是，主管換的原因是什麼？如果是被高薪挖角，不表示這家公司具有業界看重的know-how？你還沒學成就下山，是你笨。新接的主管如果經驗不足，願意給下面空間不是更大？

早在宋朝，蘇東坡就主張過，真正的人才不該陷入完美工作的迷思。後世總認為西漢賈誼的悲劇是懷才不遇，蘇東坡卻獨排眾議，寫了篇〈賈誼論〉說他的問題是不自愛。「然則是天下無堯舜，終不可有所為耶？」難道老闆不是一百分，你就沒辦法做事嗎？愛惜自己才華的人應該珍惜所有的發揮空間，所有的學習機會。如果只會抱怨懷才不遇，就是「志大而量小，才有餘而識不足」。

同理，年輕人也不該陷入完美企業的迷思。工作條件的優缺點往往是一枚硬幣的兩面。公職是鐵飯碗，硬幣另一面就是主管再平庸也不會離職，壓住下面的升遷機會。外商待遇高，另一面就是它退出市場或裁撤部門往往不需要理由。

因此，考量跳槽時應專注想一個問題就好：跳槽可以帶來更大視野嗎？如果不可以，就應該多想想〈賈誼論〉，想辦法在現有的不完美工作中讓才能有最大發揮。但如果可以，這時的典範就是巴哈，吃點苦也應該勇往直前。

「投資自己」的潛台詞

McJob這字是在上世紀八〇年代第一次出現在英文媒體，字頭Mc雖然出自麥當勞，這種工作卻不限於速食業，只要是低技能、低工資、沒前景，都算是McJob。二〇〇七年，英國麥當勞曾以捍衛服務業員工尊嚴為由，發動連署要求牛津字典編輯部改定義為「內容有趣，可學到終身受用的技能」，牛津卻不為所動。

畢業生起薪只剩兩萬出頭，論者常抨擊政府無能，資方剝削。然而薪資不漲反跌，反映的卻是服務業九〇年代的大舉擴張。不管是超商、超市，還是餐飲、藥妝、服飾、旅館，都已經學會套用麥當勞最先發展出來的標準化作業流程，快速展店。投資人獲利增加，黃金地段店租也增加，雖有帶動經濟成長，廣大員工薪資卻沒增加，因為新增工作絕大多數是McJob，低技能，你不做有別人做。

就算念到碩士，只要進入的是零售、觀光、餐飲業，都必須從低階工作做起。至於中階，許多都已經被流程控管技術取代。以王品集團為例，它開一家店並不需要新聘菜單設計、人事調度、行銷宣傳人才，卻需要幾十位服務生和工讀生。

這些人的工作不外帶位、點餐、上餐、撤餐、結帳。論者總說年輕人常換工作是吃不了苦。但是如果工作無聊又沒前景，換工作搞不好是有志氣，代表他渴望更大挑戰，更多學習空間。

企業主感嘆，公司怎會沒前景呢？公司正準備在大中華區展身手，需要大量經營人才。問題是，中階大量消失，這表示畢業生往上爬的階梯，其階距已變得奇大無比，手伸長也搆不到，必須攀繩，繩子還要自己準備。

二〇一三年，王品董座戴勝益在中興大學畢業典禮發表演講，勸年輕人賺太少就向爸媽要錢，這說法引起眾多抨擊。但他給的理由「投資自己」就無人異議。原因，正是「投資自己」背後是有潛台詞的：基層的學習空間都很小，公司也不願投資流動量大的基層員工，所以你只能投資自己。

但問題來了，這些年輕人在進入職場之前，從幼稚園大班到大學畢業，都已接受過十七年的教育投資，再加碩士就是十九年。投入的金錢有的來自父母，有的來自納稅人，有的來自學貸。投入的時間則是自己的大好青春。為何這些年輕人依然陷入McJob？

是否陷入McJob，有時是自由選擇的結果。舉例，王品、麥當勞展店，都需要請水電工、木工。這種工作絕對不是McJob。只要國中學歷，願意熬幾年，學徒熬成師傅，就可以自己做老闆，收入高，時間也自由。聽起來很不錯，問題是沒有冷氣可吹，隨時噪音震耳，每天開工就全身髒兮兮，別說很多年輕人從沒考慮要往這方向發展，父母可能也反對。

護理師也不是McJob。這種工作是有冷氣吹的，護理系也不難考，但大小醫院依然缺護理師。原因應是突發狀況多，工作壓力大。

說是自由選擇，卻可能資訊不足。餐飲管理系、觀光管理系聽起來都好聽，學生進去時卻不知全台灣相關科系一年總共畢業多少人，餐飲業、觀光業則只需要多少管理職。經濟系念的是需求與供給，應該每一種產業都用得到。學生進去時卻不知如果成績普普，畢業後也頂多在通訊行幫人處理手機門號續約而已。

大學利用學生的無知，沒用的科系開設許多，有用的則開設太少，政府又沒善盡監督之責，這是學生畢業後還需要「投資自己」的另一原因。

許多人以為McJob將來會被自動化取代，這點卻很難講。自動化最難的是軟體，軟體是大量複製不需新增成本的，真人當然比不過。但自動化需要龐大的初始投資。技術上，以機器人去取代超商店員當然可行，就好像機器人可以取代工廠作業員一樣，問題是這兩種機器人的數據處理能力一定相差十萬八千里，因為對機器來說，與機器應對很容易，與人應對卻很難。因此，可以取代超商店員的自動化系統，別說初始研發了，應該連平日維修與升級都相當昂貴。如果McJob永遠薪資便宜，就算有企業家想用自動化取代人力，應該也不會成功才對。

但要跟一位從事McJob的年輕人說：「你的工作不會被機器取代」，好像不能算鼓舞。畢竟，人都渴望從工作中看到前景，找到意義。我建議這種年輕人還有雇用他們的企業不妨讀一本書：《我在漢堡店臥底的日子》（*My Secret Life On the McJob*），二〇〇六年出版。

這本書的作者是紐約州立大學水牛城分校教授傑瑞・紐曼（Jerry Newman）。他曾在一年內換六家速食店做基層工作，全都隱瞞教授身分，跟別的員工一樣做漢堡，鏟薯條，操作收銀機。不同的是他是管理學專家，有能力比較不同店的用餐氣氛、工作效率、管理風格，還指出高流動率的McJob團隊需要哪些管理技巧。企業可以學到，與其抱怨年輕人是草莓族，叫他們自我投資，不如充實職訓材料，為員工指出一條技能升級的方向。

年輕人看這本書則可以想想，為什麼字典都說McJob沒前景，紐曼卻學到那麼多？差別當然是在學養。低薪工作的確大多單調重複，最容易把視野縮到最小，眼中只看到收銀機、上餐。紐曼的例子卻告訴我們，只要知識夠，視野廣，就算最單調重複的工作，也能學到終身受用的技能。

人脈存摺值得商榷

曾幾何時，財經雜誌紛紛建議「累積人脈存摺」。這建議並非沒受到批評，例如王品集團董座戴勝益就常強調他「不講人脈，只講人緣」。他覺得人脈太功利，卻覺得人緣很重要。他受爭議的「月薪不到三萬向爸媽要錢」主張，出發點正是擔心年輕人沒錢和同事喝咖啡。

這建議忽略了三個問題。第一是浪費時間。有史以來，從沒一個世代像八年級生（美國所謂的千禧世代、中國的九十後）這樣，人氣焦慮的年紀拉得如此之長。青少年都在意別人眼光，花很多時間照鏡子裝酷，正因為青春期是同儕意識極強的階段。但是在從前，這階段都中學畢業就結束，如今則不然。有了社群媒體，大學生都花很多時間在分享、上傳、即時通、衝人氣。臉友動輒四五百，相當浪費時間。進職場如果依然想得到人人喜歡，時間管理一定出問題。

第二是搞錯對象。從前大學生很少，多數人都十幾歲就進職場，十幾歲就習慣身邊都是歲數多一截的職場前輩。但如今人人念大學，碩博士亦大幅增加，表示這世代是在校期間有史以來最長，當然跟同齡人相濡以沫的時間也是前所未有之長。要年輕人多找同事喝咖啡，他最有可能找同梯次。同樣都是剛進職場，都缺經驗，缺視野，喝咖啡能喝出什麼？因此，正確建議應該不是花錢跟同事喝咖啡，而是想辦法讓上司、資深同事掏錢請你喝咖啡。

要讓上司、資深同事請喝咖啡，最好方式就是工作態度過人一等。夜班同事家裡有事，你願不願意留下代班？前輩慷慨給你指點，有沒表示感激？開會很怕被點到名，還是發言都有充分準備？

第三是年輕人閱歷不深，很難分清別人為何願意花時間跟你喝咖啡。是喜歡你的能力，還是喜歡你代表的公司？君不見大公司採購部門的小咖再怎麼言語無味，也容易自以為超受廠商歡迎。

其實，人脈存摺值得商榷，倒不在人脈，而在存摺。這比喻假設人際網絡是為了應付不時之需，平時則無關痛癢。其實，人際網絡對職涯的影響，絕不只是引介新職、金主而已。談話對象往往是我們重要的知識和創意來源。他們對事物看法的廣度深度與我們心胸之間又有相乘效果。心胸愈開闊，就愈容易跟見解、領域迥異的人擦出火花，進而把我們心胸變更開闊。在重視創新的知識經濟裡，這種可以擦出火花的深度對話對工作者太重要了。

因此，跟同事喝咖啡本身不是問題，問題是喝出什麼，是忙著罵老闆豬頭，還是視野上的切磋琢磨。這裡，年輕人尤其應該記住物以類聚的道理。你在專業上努力積極，其他努力積極的同事才會想找你交換意見。若無心專業，「一心思鴻鵠將至」等人約喝咖啡，喝再多也只是殺時間而已。

別亂鼓勵「大膽走出去」

張愛玲有篇散文〈重訪邊城〉，寫她唯一一次訪台。開頭寫她初抵台北機場，就有個西裝男子上前問她：「你是尼克森夫人？」張愛玲以為尼克森夫人真要飛來，覺得很奇怪，她與這位美國前副總統夫人膚色不同，人種不同，怎會被誤認？搞半天，那位仁兄原來天天都來機場迎接美國大人物，是精神異常。

「我笑了起來，」張愛玲描述她意會過來的反應：「隨即被一陣抑鬱的浪潮淹沒了，是這孤島對外界的友情的渴望。」

那年是一九六一，艾森豪總統前一年才來訪，我們還是聯合國的一員，五十幾個邦交國，其中不乏日本、法國等重要國家。因此讀到張愛玲這段敘述，我難免驚訝：原來在台灣國際處境還不算孤立的五十幾年前，就已經充滿被世界遺忘的焦慮了。

如今，這種焦慮的表達方式已不是接機強迫症，而是媒體常見的「出口轉內銷」報導。本來，外電編譯的工作應是譯介國際新聞：敘利亞內戰、日本憲改等等。曾幾何時，他們的首要工作變成注意台灣又上了哪家外媒：八仙塵爆上了BBC、高雄氣爆上了CNN。即連民眾在颱風過後排隊跟歪腰郵筒合照這種純八卦，閱聽大眾也需要知道它受到多少外媒關注。

如果外媒有提供奇特觀點，閱聽大眾當然就應該知道。但是絕大多數時候，「被外媒當作新聞」本身就是一種新聞，即連八仙塵爆這種壞新聞也強過沒新聞。這是台灣特有的媒體現象，套句對岸用語，就是台灣很「缺乏存在感」。

這種缺乏，也反應在近年特別流行的「台灣之光」標籤。出國比賽獲獎，才是台灣之光。沒出國、沒獲獎則不算。同是侯孝賢佳作，《刺客聶隱娘》是台灣之光，《海上花》則不是，因為《海上花》沒在海外獲獎。

如果獲獎者感謝台灣栽培，我們當然與有榮焉。但獲獎就自動戴上「台灣之光」帽子，卻有強迫沾光之嫌。跟誰分享榮耀，不該是個人的選擇嗎？更糟的是，這四字代表為台灣爭光是一種使命。王建民原本只是個熱愛棒球的男孩，赴美追求自己的夢想。一旦被叫台灣之光，就必須為全台灣打球了。他腿傷復原沒多久，二〇〇九年又肩傷，應該就是四個字壓力太大所致。

與「台灣之光」同時流行起來了，還有「大膽走出去」。常聽到的說法，是要年輕人跨出舒適圈。言下之意，就是台灣太舒適。奇怪：明明大家都同意跟別國比起來，台灣有低薪、過勞、房價離譜的問題，怎還覺得台灣是舒適圈？

其實，已經大膽走出去的台灣人，追求的並非不舒適，而是為了投奔更好前程。近年對岸、新加坡挖走不少高階人才，或澳洲吸引大學畢業生去打工，憑的都不是不舒適，而是較佳的薪資或工作條件。這種現象，我們應該引以為恥才對，有什麼好鼓勵的？

何況，鼓勵「大膽走出去」還會造成一種不幸副作用。這句話的假設是有出去強過沒出去。這會給國外回來的年輕人一種優越意識，以為喝過洋墨水，想當然爾較有國際觀。

其實，因為資訊科技進步，海外居住經驗已不見得會帶來國際觀了。如今不少留學生上網只看台灣新聞，臉書也只跟台灣互動。許多人住台灣時根本不看偶像劇、政論節目，移民加拿大或新加坡卻變成天天看。這種人哪有因出國而擴大視野？

其實，出國收穫多寡，最重要因素往往是學習動機。出國若只為一張文憑，收穫就是一張文憑。若只是為了償清學貸，收穫就是學貸償清。賈柏斯十九歲的印度行讓他學會直觀，養成迥異於其他科技人的思考方式，前提是他本就是為了心靈追求而去印度。

因此，如果是針對年輕人，重點應該不是要不要出去，而是抱著何種目的出去。年輕人出去了，我們就應該努力營造讓他們想回來的環境。不然，高齡化加少子化，工作人口已在縮減，萬一人口外移，稅基豈不縮小再縮小？

如果希望年輕人只為增廣見聞，而不是為投奔前程而出去，我們就要想辦法讓產業走出去。瑞典人口不到千萬，音樂產業就非常走得出去。近年美國《告示牌》百大單曲中有三分之一，不是瑞典人作曲就是瑞典人製作。瑞典音樂人卻不必搬去美國住。斯德哥爾摩的錄音室與音樂科技公司可接受英美唱片公司委託，全球最大音樂串流商Spotify也是在斯德哥爾摩創立。

要讓產業走出去，大膽是不夠的。瑞典的音樂實力靠的是一流的音樂教育。台灣的半導體與光學器材可以走出去，靠的也是大學培養出眾多優秀工程師。

跟張愛玲訪台的時候比起來，台灣的外交處境已經更孤立。但也拜經貿實力之賜，台灣的能見度已比當年更好。雖然要美國現任總統訪台已是不可能，但卸任政要、商界鉅子、影歌巨星來訪卻已是稀鬆平常。也許是這個原因，國際機場已沒人隨便問來客：「你是錢尼夫人？」想通這一點，也許我們可以稍微撫平「缺乏存在感」的焦慮。

但是不管焦不焦慮，都不應該再鼓勵年輕人「大膽走出去」。讓更多產業有辦法走出去才是真的。

為何面試表現不佳？

二〇一三年，麻省理工學院史隆商學院的入學申請總監洛德．賈西亞接受校友李楓真專訪，談他學校的ＭＢＡ學程為什麼只錄取一個台灣人。他歸納出台灣人面試有三大缺點：溝通技巧不佳、專業態度不足、欠缺國際視野。

專訪披露不久，政大法律系副教授劉宏恩就發表評論說，即使在國內研究所招生面試，以上三缺點也很嚴重。他舉一個例子，學生從一部電影談到巴「基」斯坦的主權未定問題，盡管教授再三提醒，學生依然堅持說以色列用火箭炮攻擊巴「基」斯坦。

巴基、巴勒斯坦分不清，劉宏恩認為這等於沒國際觀，我覺得他太嚴格了，畢竟中文只有一字之差。何況，學生至少知道以色列旁邊有個誕生過程多舛的國家。然而，我卻在這例子中看見一個更嚴重問題：怎麼面試前全沒準備？提問是「你有什麼興趣」，這問題何等基本，如果事先有準備，怎會把巴基斯坦、巴勒斯坦混為一談？

準備不足，一大原因是台灣的中小學階段考試太密集，很容易幫孩子養成臨時抱佛腳的習慣：天天只要專注於明天要考的範圍，其他都太遠。碰到名校面試這種既需要長期準備，又沒範圍的陣仗，就變得無所適從。

網上論壇亦有一種看法，說台灣人就是不會吹噓，面試才吃虧。這是相當可悲的誤解，誤解的背後，是台灣因為崇拜權威，小孩有耳無嘴，年輕人成長經驗很少碰到長輩曾以友善態度對他見解表示過興趣。以劉宏恩遇到的學生為例，如果只會說「我一向對主權問題有興趣」，這是吹噓。如果他從巴勒斯坦開始，把話題帶到印尼亞齊省、南蘇丹、蘇格蘭，這就不是吹噓，而是展現個人特色。學校花時間面試你，正是想從你言談去認識你的個人特色。

「大學生沒國際觀」已是老生常譚，賈西亞說台灣人欠缺國際視野，大家應該不奇怪。我卻要指出，賈西亞的批評還是不一樣。史隆商學院每年申請者那麼多，得到面試機會的只占一小部分而已。因此賈西亞所遇到的台灣人，一定是學校課業最頂尖，職涯起步最可羨，托福分數也最高那種。是這些人中龍鳳，被賈西亞批評欠缺國際視野。

這些人都英語流利。英語是增廣見聞的利器，英語好卻沒用來增廣見聞，幹嘛把英語學那麼好？又幹嘛出國念MBA？是回應父母期待？還是只要會念書，出國鍍金本就天經地義？

偏偏名校商學院面試，最重要問題一定都指向自我探索：「你遇過的最大挑戰是什麼？人生目標呢？你可為我們課堂帶來什麼樣的貢獻？」只會考第一志願，進最頂尖企業的年輕人有機會想過這些問題嗎？這，可能才是台生的真正死穴。

投履歷別看走眼

看到「年輕世代最嚮往企業」排行榜，難免會懷疑：青年低薪，是否根本履歷投錯？

二〇一二、一三、一四連三年，榜首都是王品。王品如今主要計劃是海外拓展。如果你有興趣餐飲管理或市場開發，外文又嫻熟到溝通無礙，以王品為首選當然沒問題。但如果你外文普普，進王品一定只能待國內。但王品在台已有近三百家餐廳，新進員工能有多少發揮？

有些企業雖為外商，具全球知名度，在台灣卻只做內需，而且美好的仗已經打過。花旗銀行即一例，你如果是在它的信用卡元年一九八九進去，發展當然無限寬廣。但如今它就跟無數本土銀行一樣，使用大量派遣。

花旗使用大量派遣，就跟王品使用大量計時工一樣，都不只是為了節省成本，也有不缺人才的意思。當然他們都宣稱派遣、計時工亦有轉為正職的機會，甚至還可升遷，但管道一定小之又小。

宏達電雖有國際市場，卻在競爭中節節敗退，目前看不出轉機，股價才會跌掉九成。年輕人嚮往這種企業，完全沒有道理。

華航與長榮都不算節節敗退，但產業局勢已變，廉航紛起，中國業者削價競爭。年輕人進這種產業，就要有薪酬向中國看齊的心理準備。

年輕人讀到這裡，大概會悲嘆生不逢時，為何剛好在壞時機進入職場？的確，進職場如果遇到悶經濟，往往拖累整個職涯。耶魯大學的莉莎．康（Lisa Kahn）做過研究，一九八一與八二年之間美國經濟急轉直下，八二年畢業生就比上一屆學長平均起薪低整整四分之一。十七年後，二者薪資差距竟高達十萬美元。

在「失落十年」進職場的日本年輕人，許多都只能選擇非正職與派遣，眼界擴展不多，志氣消磨殆盡。等到經濟復甦，企業都跳過他們，寧願提拔更年輕一代。於是整個世代成了職場邊緣人，稱「失落世代」。

然而，台灣悶經濟有一點卻與美國一九八二、日本九十年代大大不同：台灣烏雲其實有個超亮金邊。這兩年許多新詞紛紛冒出：3D列印、大數據、物聯網、醫療雲、教育雲。每一名詞背後都代表好幾種高成長產業。為了形容我們正進入的變局規模之大，美國經濟學家稱之為「第二次機器時代」。也就是說，這是工業革命那等級的變局，是百年難得的變局。

一定有許多舊產業、舊工作會在變局中消失。舊企業若不轉型，就等著被新創企業淘汰。許多舊產業、舊企業一定很悶，同時卻有更多新產業、新企業正要開啟元年。

在這麼多產業元年、企業元年可選的時代，投履歷如果迷信企業知名度，就好比在內燃機發明之時，去應徵最知名的馬車公司。這樣損失的不只是薪資，也將錯過許多美好戰役。

要有創業腦

我開始工作時，並沒想到要創業，卻常常碰到前輩跟我說：「你將來一定創業。」一開始我覺得受辱，以為這話是暗指我沒團隊精神，對公司向心力有問題。跟我講這話的卻越來越多，有頂頭上司、其他部門主管，也有同業先進。我開始有了危機意識：我是不是不適合任何雇主，遲早要吃自己？於是認真想起創業的可能，後來也果然真的創業。今天想來，所有說過那句話的都是我貴人。感謝他們，我才培養出一顆創業腦。

創業腦的第一個好處就是帶來危機意識。美國四十年來最暢銷的求職聖經《你的降落傘什麼顏色》，書名隱喻的正是危機意識。作者主張，這年頭在職場，非自願離職是人人早晚會遇到。再怎麼盡忠職守，飛機（你的工作）還是會失事，變成一團熊熊烈火高速下墜，你必須分秒無誤地跳傘逃生。如果不趁飛機穩穩飛（工作順利）時就把傘包（你的膽識本領）繫在身上，此時就是死路一條。

創業腦就是一種隨時檢查傘包的心態。明天把你丟到半空，你能存活嗎？當所有雇主都看不到你的價值，你有辦法為自己創造價值嗎？

第二個好處是學會謙虛。企業待久了，很容易誤把公司光環當作自己光環。分不清成功有多少是靠自己，多少要謝謝公司奧援。但如果想到有一天將要白手起家，今日你享有的資源可能變成明天難以跨越的競爭門檻，你就會用比較客觀的角度思考：到底是你比較需要公司，還是公司比較需要你？

第三個好處是擴大視野。上班族很容易眼中只有老闆。老闆正思考的問題就是你的問題，老闆的學習標竿就是你的學習標竿。老闆只讀王永慶、張忠謀的傳記，你就只讀王永慶、張忠謀的傳記。創業腦卻會逼你意會到此一時彼一時。老闆創業時是台灣經濟年年衝八的時代，王永慶、張忠謀的成功更是拜高收入國家第一次把生產鏈外移的萬古唯一機會之賜。這些人的成功都不是你能複製。你只能把眼光放遠，向國外真正的範式轉移者學習：賈伯斯、星巴客創辦人霍華舒茲等等。

再來的好處是正向思考。受薪階級當久了，太多事沒辦法自己主導，很容易覺得身邊好多豬頭。創業腦卻會逼你思考：「我來當老闆就有辦法防範未然嗎？亡羊補牢呢？」時時在想更好的解決方案，既減少抱怨，也可活化腦筋。

何況，平台革命一定會造成職場巨變。依據科斯定理，企業的存在，是因為對許多業務來說，內部指令真的比市場交易省錢省事。但平台革命卻大大減低市場交易的成本，一定會衝擊到眾多企業。例如近年興起的網購平台（商店街、蝦皮、淘寶），就重創實體商場的業績，逼得百貨業者大砍零售櫃位，改而開發餐飲、娛樂客層。

在平台經濟中，有APP檢查顧客信用，另有APP處理收費。好消息是開店變容易，接案也變容易。壞消息是職場變動一定會加大幅度，非自願離職將變得稀鬆平常。

因此，就算不創業，也應該想想「假如我當老闆」這問題。不只預防萬一，也可強化正向思考，對人生幸福是百利無害。

創業成為職人

薪水不漲，就業率不振，許多人怪企業投資中國。殘酷的事實，卻是企業投資台灣，如果是投資在節省人力的科技，給薪水帶來的下沉壓力搞不好更大。想想iBon幫統一超商自己，還有娛樂、交通業者節省多少人事成本？

許多經濟學家都預測，科技壓低就業的趨勢將會持續。持這種悲觀看法的代表是喬治梅森大學的泰勒．考文（Tyler Cowen）。這些學者以Google的街景攝影車與美軍在伊拉克使用的無人機為例，預測不出十年，地上與空中的許多運輸工具已不再需要有人駕駛。

到底哪些就業機會將被科技取代，看法因人而異。看看教育：美國這幾年湧入線上教學系統（edtech）研發的錢潮早已超過二十世紀末網路泡沫吸納的資金總量。從幼教到大學，教學模式甚至學校功能的改頭換面是指日可待。未來教材將會融入電玩的吸睛科技，又結合一流名師的教學影像，最重要是學習可能徹底個人化，也就是孔子理想的因材施教：學生不必再浪費時間在課堂上聽同學需要補強，自己卻滾瓜爛熟的講課內容。在這樣的學習新世界裡，教師會飯碗不保嗎？

很難說。但有一點可以確定，未來沒被科技取代的那些教師，能力必須與科技互補。講課、出習題、改考卷，這些都可以靠科技，光會這些的教師就只能等著被取代。但如果你熟悉各種線上教材的適性面向，對學習模式又敏感，知道應該幫誰安排哪一種教材，做哪些補強，又是激勵高手，那你就會是一流的學習教練，剛好與科技互補。

學習教練當然可以受雇於學校體系，但也可以創業接案。可以在線上跟學生互動，給指導，討論進度。做出口碑，你甚至可以指導遠在上海的學生。

又如製造業，拜3D列印之賜，各種產品的量身訂做都已變可能，也符合成本效益。將來買鞋，已不必光顧鞋店，只要在家裡用手機掃瞄一下自己腳型大小，線上勾選鞋款，甚至自己設計鞋款，付錢，幾天後一雙新鞋就送來了。許多鞋廠勢必收攤，不然就要轉型為3D印鞋平台，提供軟體、機器、材料、測試機制給有興趣設計鞋款的任何人。

鞋廠如此，車廠亦然。如今車商每年只能主推幾種車款，是因為生產線必須量產。但3D列印不需要生產線，一輛亦能生產。玩家將來可以設計自己專屬車款。

壞消息是會有很多大企業員工失業。好消息是創業的可能性將越來越多，門檻將越來越低。將來有些自己設計鞋款、車款的網上賣家搞不好還在念高中。他們從接單、設計、生產到服務都自己掌控，會很像工業革命以前的匠人、職人，充分展現個性，發展自有品牌。他們從工作獲得的尊榮感，應該是目前受薪階級一輩子沒享受過的。

泰勒．考文在二〇一三年出版的《再見，平庸世代》（*Average Is Over*）一書中指出，將來只會剩下百分之十到十五的工作人口會賺到科技取代人力的紅利。他們才智剛好與機器互補，越多工作消失，他們就賺越多。其他百分之八十五則要不只能拿低薪，要不就偶爾打打零工，其餘時候領救濟金，打發時間則可利用不必花錢的線上遊戲。

我認為考文整個忽略平台革命一定會帶來的品牌大爆炸。未來的職人、匠人、接案達人，其謀生技能許多都是目前還沒出現。舉例，車子變成無人駕駛，中毒可能就無法起動，更糟是會行駛到一半去撞電線桿，甚至撞人。可見將來幫車掃毒一定是好生意。一個掃毒達人只要每天處理五輛車子，就荷包滿滿了。

有多少職人、匠人、接案達人可以荷包滿滿，端看教育如何改革。即使在先進國家，因應職場巨變的教育改革也還在只聞樓梯響的階段。考文這時就預言將來工作者十之八九都只能領低薪，他的悲觀是太早了點。

第二輯

富人稅是頭痛醫腳

一來是貧富差距擴大，二來是法國經濟學家皮凱提二〇一三年出版的《二十一世紀資本論》一書大為暢銷，富人稅在今天，幾乎已是公平正義的代名詞。

顧名思義，富人稅就是富人多繳稅的意思。在一人一票的民主時代，只要把富人門檻設夠高，他們就不只票數少，集體聲量也大不起來，富人稅要付出的社會成本就很小，頂多就是幾位富人想移民而已。

因此，像這種既可填飽國庫，又可拉近貧富差距的快速解方，根本不必等皮凱提寫出磚頭巨著。早在一九九九年，美國就有一位想選總統的富豪登高一呼了。

這位富豪問：聯邦政府只要向他這種資產超過千萬美元的國民，課一筆財富捐，稅率一四．二五%，一次就好，就可打消國債了，好簡單的事，政府何樂而不為？

這位富豪，正是二〇一六年選上總統的川普。有趣的是，時隔十七年，他並無重提舊議。記者問原因，他答國債已經太高，無法靠富人出錢打消了。邏輯聽來怪怪的，就算無法打消全部，只一半好了，不也幫整體納稅人一大忙？記者再追問，川普依然堅持富人稅理念正確，只是如今於事無補而已。

問題來了：巨大國債是全民共業，富人憑什麼被迫買單？這難道不會產生道德風險，讓多數人心生僥倖，想說事情大條了可以再強迫富人出錢，因此重啟債台高築的另一次循環？這難道不像校園霸凌常見的「見者有份」，大大違反憲法的平等保障原則？為什麼資產九百九十萬一毛錢都不必付，一千萬就必須付一百多萬？

無獨有偶，二〇一二年歐盟陷入歐債風暴，德國經濟研究院（DIW）也提出類似建議：資產在二十五萬歐元以上的國民應該繳一筆一〇%的資本捐。德國人口只有八％達到這個資產水平，輿情卻依然嘩然。有趣的是，爭論焦點並不是資本捐有沒侵犯少數自由，而是二十五萬歐元（九百萬台幣）算不算富人。

這是富人稅另一問題：富人怎麼定義？「富人就是年收入比妻子的姊妹的丈夫多出一百元」，這是美國作家孟肯（H. L. Mencken）有名的「連襟法則」。其實，台灣也見識過一次富人定義之難。二〇一三年教育部為高中免學費訂出一百四十八萬元的排富門檻，被排除的「富」只占人口二成四，也引來輿論痛批，說年所得一百四十八萬元真的不算「富」。這些聲音應是來自門檻之上的二成四，其它七成六想的大概是：「有錢多付一點有什麼不對？如果我賺多一點，一定不會跟政府計較這種小錢。」

一般人總看不順眼富人錢滾錢不勞而獲，卻忘了一件事：經濟衰退時，財富縮水最多的也是富人。因此如果富人稅太重，讓稅源高度倚賴富人，財政就不會平穩。

加州就是一例。全球科技、影視重鎮都在加州，州內創投林立，有最多富人。根據統計，在二〇一二年，加州所得稅有五〇．六%是來自金字塔頂端的一%，這種稅源結構造成財政大起大落。〇八年金融風暴，政府即陷入希臘等級的財務危機，以後好幾年，公務員每月都要放好幾天無薪假。

皮凱提在《二十一世紀資本論》提出的富人稅有三種：遺產稅、財產稅、所得稅。其中，稅率最高達八〇%的遺產稅會阻斷財富世襲的可能，從此不再有富二代、富三代。

若從富人觀點，人死已夠不幸，還要被奪走八成財產，真是有夠殘忍。但換個角度，卻可鼓勵富人趁活著多花錢、多捐獻，他自己開心，整體經濟也可以更活絡。富家小孩搞不好也會變得不再惹事，更好管教，願意虛心向父母學習致富之道。方方面面都考量，遺產稅好像是不錯的提議。

再來是財產稅。皮凱提提議，二十萬歐元（七百萬台幣）之下的中產階級，每人每年課千分之一，百萬歐元之下是千分之五，往上累進，最高是五百萬歐元以上，課二%。

這種稅率並不高。政府一大功能即保護私有財產，因此常態性的財產稅有使用者付費的意味，理念上很合理。問題是從此每年報稅季，國民不只必須申報收入，還要申報財產。財產也不只有存款、證券、房地產，還有各種收藏品，以及專利、著作權等無形資產。為了調查人民申報正不正確，國稅局編制可能必須是今天的三倍大。別人舉報你私藏珍貴郵票沒申報，國稅局要不要來你家搜查？

另一問題是估價。證券是算票面還是市價？未上市公司的股權怎麼估算？診所是要計算醫療器材總值，還是醫生名氣？國稅局說了算嗎？

皮凱提理想中的所得稅最高稅率是八〇%。依他的說法，收入一千萬納稅八百萬，並不表示政府真會收到八百萬，而是從此不會再有一千萬薪水的企業肥貓，多出來的錢可給下面員工加薪。如此說來，皮凱提的如意算盤是讓富人全面消失，因此這種稅嚴格說不是富人稅，而是中產稅。據皮凱提想像，富人消失後，中產階級收入會增加（這點相當可疑），向政府繳納四〇～六〇％的高所得稅。

換句話說，皮凱提的提議會把中產階級變稅奴，把國稅局變金飯碗。也許真的比較公平，卻很不自由。

其實考量台灣目前狀況，貧富差距一大因素是房價高漲，另一因素是產業動能不足。若要對症下藥，就應該提高房屋持有成本，打擊囤屋，並且改善投資環境。嚮往富人稅，根本是頭痛醫腳。

房屋稅不見得是富人稅

房價居高不下，年年都是民怨之首。要解決問題，論者都主張要提高持有成本。果然這兩年，地方政府紛紛調漲房屋稅。本來只限新成屋，二〇一六年起台南市搶先為老屋加稅。現在換有房族有怨言了，代表作即前行政院長陳冲發表在《經濟日報》的〈房屋稅不可增只能廢〉一文。

陳冲看法雖跟無殼蝸牛南轅北轍，二者卻有一點雷同，都把自己主張的權利視同於居住權。仔細看，無殼蝸牛想要的是取得某種財產，陳冲要的則是某種財產不該課稅。所謂居住權，應該是不流落街頭的意思。除非租屋、繳稅真會害人流落街頭，不然無殼蝸牛與陳冲都很難證明自己在主張基本人權。

年輕人常抨擊，上一代努力工作都買得起房，為何這一代不行？這種世代比較卻可能有失公允。若是正常市場，房價應該跟著人口數與國民所得上漲。台灣人口上漲最劇時，正是突然湧入兩百萬軍民的一九四九。之後三十年，嬰兒潮加上經濟起飛，人口、收入雙雙大增，照理說八〇年的大安區房價不該每坪才十萬元才對。

當年房價低迷的原因很簡單，在反攻大陸的年代，新移民大量被安排入住宿舍與眷村。「阿共仔」隨時可能打來，一般民眾當然寧抱金條，不願置產。當時台灣又亟需外匯，對房地產融資非禁即限。八十年代中期，台海情勢漸緩，房市亦漸鬆綁，房價才開始補漲。這是上一代買房容易的特殊因素。

九十年代起，科技促成服務業連鎖化，家庭經營的柑仔店、文具店、餐館紛紛從街頭消失，被連鎖超商、百貨、速食店取代。既然總公司都在台北，負責行銷、財務、資訊工程的知識工作當然都在台北，台北與外縣市之間的收入差距拉大，台北房價才一枝獨秀。

因此，台北房價偏高，一部分是不能怪政府的。在全球化時代，頂級都會的房價漲幅都會超過同一經濟體其他地區，也會超過物價通膨。例如舊金山，近年房價年漲十二%，正是科技人才聚集的結果。

問題來了：舊金山房價高漲，因為是科技重鎮，台北又沒有，憑什麼也跟著房價狂飆？

這部分就要怪政府了：〇九年遺贈稅大降，吸引大批資金回台。當時公告地價與房屋評定現值合計不到市價一半，買豪宅變成富爸媽節稅首選。房價大漲是因為房子成了理財工具，不再是純居住。

建商總說房地產是火車頭產業，打房會害到經濟。十年前這說法還有點道理，因為蓋房賣房會創造就業，買房布置新家也會創造消費。但這幾年建商只有興趣蓋豪宅，四十坪的中古屋價格又被周邊豪宅拉高。中產階級要付高房貸，勢必排擠其他消費。

高房價也打擊就業率與生育率。建商只蓋豪宅，代表租屋的供給幾乎沒有增加，變成租屋族只能住隔間或頂層加蓋。這種居住條件誰能長久忍受？誰敢結婚生子？就業機會明明在台北，台北卻沒舒服住房。外縣市有舒服住房，卻缺乏就業機會。企業嘆人才荒，學校憂少子化，房市失控都是因素之一。

如此說來，調漲房屋稅就是好事。從此，富爸媽送豪宅給子女就要三思了。子女若不會賺錢，養豪宅豈非燒錢？建商也不能再故意囤房，非降價求售不可。可以預見，建商將停止興建豪宅，改建適合上班族的公寓。

不過，陳沖強調的，房屋稅應該「謙卑再謙卑」，卻也有值得三思之處。房屋不像人或資金一樣可以移動，課稅容易，因此房屋稅歷史比所得稅悠久。但是，房屋稅本質是什麼卻眾說紛紜。

財政部反駁陳沖，說房屋稅是為了受益原則，意思是使用者付費。問題來了，如果繳稅是為了享用垃圾清理、污水排放、造橋鋪路這些服務，課徵對象就應該是房屋使用者，而不是屋主。像英國市政稅（council tax），負擔就是落在租戶身上。

當然英國是特例，但英國人批評市政稅是窮人稅，卻一點都不奇特。美國的課稅對象雖是屋主，亦有人抱怨它是窮人稅。這種看法是把房屋稅當作一種針對居住的消費稅。收入越少，食衣住行的開銷占比就越大，因此所有消費稅都是窮人稅。

想像台南一對老夫妻，手邊儲蓄剛好養老，如今賴清德為老屋加稅，他們可能就必須伸手向遠在台北的子女每年多要一萬元孝親費了。萬一台灣不像美國那樣，給退休族群某種房屋稅減免，這筆錢就會活越久付越多。

但在台北，就很難把房屋稅想成窮人稅。百坪豪宅除非三代同堂，不然不像純居住，較像財產配置。這種房屋稅是財產稅，是一種富人稅。如果不想繳，大可賣掉豪宅，搬去較便宜的房子，把餘錢拿去投資。

當然很多人不願賣房，因為房屋不只是居住，不只是財產，也有家的情感。這麼說來，老屋加稅就成了情感稅了。

本來大家恐懼失業，是擔心繳不起房租或房貸。在高房屋稅的時代，一定會有更多人因為失業而繳不起房屋稅。若房市一池死水，害這種人無法賣房變現而必須流落街頭，房屋稅就真有侵犯人權了。

當兵不該變笨

二〇一六年台灣大選前，媒體冒出一種指控，說時代力量候選人「閃兵」，是只會挑起台海緊張，卻不願上戰場的「嘴砲台獨」。指控很難聽，挨罵的對象卻依然高票當選，打敗連任多屆的軍系立委。

這種結果，在南韓就會很不可思議。在南韓，閃兵指控是可以終結政治生命的。二〇〇二年，梨花大學前校長張裳正是因為兒子閃兵，才遭國會否決，無法出任總理。

閃兵在台灣卻不會引起類似公憤，一大原因即閃兵管道很多元。焦慮症是一種（林昶佐），高度近視也是一種（黃國昌、吳志揚）。吳奇隆若是新加坡人，慣性脫臼雖可讓他免除許多操課，役期卻不能少一天。連勝文若是新加坡人，則要比別人多當兵九週，由國家強迫幫他減肥。

問題來了，焦慮症、高度近視雖是小毛病，但依然是毛病。為什麼在台灣，聽說某人因為焦慮症、高度近視而不必當兵，別人反應不是同情，而是質疑閃兵？

只有一種可能，就是免服兵役引來的羡慕眼光，遠超過一般人對焦慮症、高度近視的惻隱之心。當兵是大家都不想要的，乖乖去當兵則是沒選擇。如果可以選，大家都寧願選焦慮症、高度近視。

如果是因為當兵辛苦，閃兵就算值得羡慕，也必須扛負「好逸惡勞」的可恥標籤。這次，閃兵卻當選立委，可見選民並沒把閃兵聯想到怕吃苦。

其實，只要看看時代力量另一位新科立委，就可明白閃兵在台灣既可羡，又不必蒙羞的箇中原因。洪慈庸本來默默無聞，是二〇一三年七月爆發的洪仲丘案，才把她推到鎂光燈下，累積出日後參選的政治能量。

洪案發生一個月，就有二十五萬白衫軍上凱道怒吼，為冤死的男孩討公道。台灣從沒出現過如此不靠政黨動員，卻集結速度如此之快，聲勢又如此浩大的街頭運動，可見冰凍三尺非一日之寒。

盧梭曾在《社會契約論》中主張，徵兵制可加強全民與國家之間的一體感。洪案卻揭露，徵兵制在台灣的效應正相反。役男發現，「死老百姓」在軍中是學不到戰鬥技巧的，成天工作就是打掃、搬東西。許多文書皆沒必要，而且資料造假嚴重。但役男不能提出建言，不然下場可能和洪仲丘一樣。

這是閃兵在台灣既可羨又不必蒙羞的真正原因：軍中管理太糟了，把兵役變得毫無功勞只有苦勞。這苦勞不只沒意義，還可能不公不義。討厭當兵的出發點並非好逸惡勞，也不是怕死或不愛台灣，而是為了拒絕不公義。

軍方如果對症下藥，就應該強化內部管理。沒想到，軍方拿出來的解方是停止徵兵，二〇一八年起改推全募兵。

如果看國際趨勢，全募兵好像是潮流。法國在一九九六，波蘭在二〇〇八，德國在二〇一一，都陸續改全募兵。倡議者主張，現代軍事已經越來越複雜，軍事訓練需要投入越來越多時間精力。若是採用徵兵制，好不容易訓練成稍微可用，就要放兵員重返民間，新兵又要從頭訓練，非常浪費國家資源。不像志願兵役期長，訓練起來較划算。

台灣卻狀況特殊。首先，中國從沒放棄武力犯台，我們若不願以當兵為義務，要怎麼向對岸與盟友展示防衛決心？

二來，上文已強調，人民不愛當兵，並非不願保家衛國，而是不信任軍方。無法取得民間信任的軍方，怎可能靠募兵就募到足夠兵員？果然，二〇一七年九月《聯合報》就報導：「全募兵尚未落實，國軍人力已跌破最低防衛需求。」

因此，全募兵反映的，就是軍方的鴕鳥心態，不願面對現實，不想改革。軍方不改革，可能比台獨更能挑起台海緊張。這不是危言聳聽。國防太弱會讓敵國覺得有機可乘而輕啟戰端，這是戰略學的一項真理。

因此軍方此時最該做的，不是全募兵，而是重新打造當兵的尊榮感。至少不要讓人民感覺當兵是在浪費生命。

「當兵會變笨」這話在台灣太常聽見了，我們可能都沒想過，有些國家的軍隊可以是人才搖籃。美國是一例。在美國，軍方給人的印象就是效率、專業主義、應變能力強。《財星》雜誌（*Fortune*）二〇一〇年三月就有封面是年輕持槍美軍，內容是退役軍官如何變成「商界領袖的新面孔」。

不過，軍方扮演經濟引擎的最成功案例絕對是以色列。眾所周知，以色列是創新創業大國。徵兵制對以色列創業文化更是居功厥偉。

首先，以色列沒有「死老百姓」在軍中受欺負的問題。大家都十八歲入伍，軍官都是從義務役拔擢，當然就不會區分是否自己人。只有少數高中成績特別優秀，將來準備用醫學、法學、工程專業去效命軍方的，才獲准念完大學再當兵。

兩位美國作者丹恩・席諾與所羅・辛格曾在二〇〇九年合寫《新創企業之國》（*Start-Up Nation*）一書，解釋為何徵兵制在別國都培養不出創業文化，以色列卻獨獨可以。一來，是以色列不講官階大小，將軍給小兵倒水是常有的事。這種扁平組織跟創業團隊最相契。

二來，是以色列人不愛面子，只重視從錯誤中學習，因此沒有爭功諉過的習性。軍中開會，大家經常互相檢討得面紅耳赤，沒人在自我辯護。自我辯護是沒有學習價值的，追根究柢才有。像洪仲丘那種有話直說的個性，在以色列一定如魚得水。

三來，以色列軍方不要求內務，只講一個人要如何當好幾人用。因此當完兵，人人都變得三頭六臂，會修飛機也會修電腦。

這樣的軍方當然不會浪費任何腦力。《新創企業之國》有一章「哈佛、耶魯、普林斯頓」，講的不是菁英大學，而是負責資訊戰的菁英部隊，例如塔爾皮約

（Talpiot）、八二〇〇單位，只收數理最頂尖的高中畢業生，讓他們既可在軍中接受最先進的資訊教育，還可運用腦力保鄉衛國。

這種單位說是服兵役，其實卻是國家負責把你訓練成高科技頂尖人才。先是四十個月的密集上課，由耶路撒冷希伯來大學負責授課與頒贈學位。上完課還要服役六年，加起來總共服役九年，役男役女卻都認為是賺到。

他們退伍後，許多成為企業高管、創業家、天使投資人，定期聚會聯誼，人脈網絡好比哈佛校友會。以色列人從小就嚮往進入這種部隊，就跟美國人從小嚮往進入哈佛、耶魯、普林斯頓一樣。

我們不能指望台灣軍方也可以打造創業人才。但當兵不該變笨應是基本要求。如果哪天，當兵可以變聰明，別說不必全募兵，應該連女生都會爭取當兵了。

公投門檻不該太低

二〇一六年六月脫歐公投結果造成英鎊急跌，物價蠢蠢欲動。跨國企業如高盛、長實，都要把歐盟總部從倫敦遷去巴黎或法蘭克福。脫英聲浪在北愛爾蘭與蘇格蘭更是響徹雲霄。可以說，英國選後不管是政治還是經濟，前景雙雙混沌不明。

二〇一三年一月，首相卡麥隆宣布公投構想時，絕沒想到這種結果。當時伊斯蘭國尚未興起，歐洲尚無難民危機，他絕沒想到臨近投票時，極右派打出的仇外牌會發生這麼大作用。

不過，卡麥隆若因此成為崩解聯合王國的歷史罪人，不能只說運氣壞。若非他莽撞，公投根本沒必要舉行。英國選民一向只關心就業、教育，對歐盟一向無感。

脫歐從來不是歷次大選的重要議題。一直嚷嚷要脫歐的，除了獨立黨（二〇一五年大選只獲十二．六％選票），再來就只有保守黨內三成左右的國會議員。卡麥隆大可讓黨內辯論持續下去，沒必要勞民傷財，把黨內紛爭拿來給全民公決。

拿公投去豪賭國家未來，卡麥隆並非唯一。記憶猶新的還有希臘總理齊普拉斯，他發動二〇一五年七月公投，豪賭的不只是希臘，還有全球經濟的未來。理由說是要民意做談判後盾，這是很荒謬的。難道債權國領袖就不必對民意負責嗎？債權國怎可能同意負債國單方面修改償債條件？果然公投結束，齊普拉斯帶著高民意重回談判桌，等待他的是更嚴厲條件。

齊普拉斯當初上台，主張正是要領導人民反抗撙節帶給希臘的羞辱。但他發起公投，卻帶給希臘更大羞辱。

英國保守黨內最鼓吹脫歐公投的，都高舉自由大纛。他們受柴契爾夫人影響，視歐盟為壓迫人民主權的怪獸。很諷刺，一九七五年英國上次舉行脫歐公投，反對公投最力的正是柴契爾夫人，她說公投是「煽動家與獨裁者的工具」。義大利法西斯與德國納粹舉行過的公投曾是她整代人的重要記憶，因此戰後數十年，瑞士以外的歐洲民主國家並不流行公投。

瑞士例外，是有特殊的歷史因素。中世紀歐洲，戰事通常倚賴盔甲騎士。阿爾卑斯山谷位居要衝，本為兵家必爭，但因為地形緣故，不適合馬戰。山民因此發展出一套長矛步兵方陣，總能打退農民供養的騎士。這種戰法倚賴全民皆兵，貴賤平等，才會在十三世紀發展出露天邦民集會（Landsgemeinde），大小事全民舉手公決。

美國本也不流行公投。建國先賢無一例外，都反對直接民主。第四任總統麥迪遜就曾在著名的《聯邦論》第十篇指出，直接民主一定會戕害少數權益，造成社會撕裂。英國這次公投造成的撕裂就很明顯，年輕世代與老人，倫敦與英格蘭其他地區，英格蘭與北愛、蘇格蘭，都有了難以彌補的裂痕。

美國後來違背先賢告誡，也流行起公投，跟拓荒西部有關。二十世紀初美西地廣人稀，產業不振，鐵路業主因此橫行無阻，輕易掌控行政、立法、司法所有權力。進步人士遂向瑞士取經，相信唯有直接民主可制衡金權。

美國的公投卻跟瑞士不一樣。在瑞士，公投功用是為立法加速或踩煞車。連署通過，只要議會討論出更好方案，公投就不必舉行。美國卻不是如此，公投是設計來對抗代議制，連署通過就非舉行不可。

一大結果是財政弱化。二〇〇八年金融海嘯，財政受創最大的，像亞歷桑納、奧瑞岡、加州，都是最愛公投的州。加州明明是娛樂、科技、國防產業的全球重鎮，政府卻一度發不出薪。選民透過公投，鎖定許多開支項目，一旦稅收大減，其他項目就斷糧。

加州憲法也是笑話。修憲公投太容易發動，連署人數只要上次州長選舉投票人數八%，以致一九一一年公投法通過以來，修憲已多達五百多次。比較之下，聯邦憲法兩百多年來只修二十七次而已。

美國式公投的頭號缺失，英國這次公投也有。只有正反兩種選項，沒有折衷，選民只能憑情感投票（對移民的恐懼），不能想全面，想長遠。

瑞士制度雖較鼓勵折衷，但也有缺點，就是一年投四次票，搞得選民疲乏，投票率往往不到四成，變成少數決定國家大事。國民雖對公投傳統感到驕傲，但也都認為許多公投沒必要。

說公投可對抗金權，如今也不可能。瑞士與美國皆有蓬勃的公投產業，專門幫人搜集連署書，設計文宣。只要請得起大批工讀生，連署門檻就不難達到。已故的瑞士超市大亨史威利（Karl Schweri）就曾砸錢發動六次公投。

有錢人發動公投，亦可能醉翁之意不在酒。阿諾．史瓦辛格就在自傳中承認，他二〇〇二年發動「課後輔導」公投，根本是為了衝高自己的政治人氣，以備競選加州州長。

近年，台灣也有聲音鼓吹公投門檻應該下修，理由是公投可以深化民主。其實，立法是一件很複雜的事。不同利益與價值之間如何折衷，討論下來很花時間。代議制最大好處，就是節省時間與金錢。代議制如果脫離民意，大可加強監督力量，或修改選區或選制。看歐美經驗，公投有沒深化民主是一回事，弊病卻不少。

國族主義的幽靈

台灣必須開放進口美牛，是因為美國堅持「美國利益」。美國承諾賣武器給台灣，也因為符合「美國利益」。多年來，我們都已習慣聽到「美國利益」，因此聽到川普那句「美國優先」，並不覺得奇特。

但是，聽聽川普二〇一七年就職演說，就知「美國優先」（America First）哪裡奇特。在川普眼中，美國有太多貧窮孩童，太多廢棄工廠，學校無法傳授知識，犯罪猖狂，毒品氾濫，這是一場全美屍橫遍野的大屠殺（American carnage），原因是政府都在幫外國拚國防，拚經濟，將原本應該屬於美國中產階級的財富分配給全世界。

換句話說，在川普眼中，盟邦都是妖怪，都想吃美國這個唐僧肉。

在美國的政策圈與言論界，這種世界觀別說不是主流，連非主流亦不算，只能說是逆流。美國在二戰前的確曾對世界充滿戒備之心。一九三〇年，胡佛總統不理會千位經濟學家連署反對，簽下《斯姆特霍利關稅法》，豎起貿易壁壘，刺激他國也紛紛把關稅率往上加，致使全球「大蕭條」雪上加霜。一九四〇年，二戰雖還沒扯進美國，但已如火如荼，意見領袖如飛行英雄林白就倡議美國應嚴守中立，既不可經濟制裁日本，也不該向英國伸援手。他們的口號跟現在的川普一模一樣，也是「美國優先」。喊了一年，日本就轟炸珍珠港了。

是二戰的慘痛教訓，讓美國扔棄「自掃門前雪」的世界觀。戰後七十年，美國心目中的「美國利益」一直是「世界好，我才好」，因此一肩擔起維護世界秩序的責任。產業在八十年代初雖已嚴重外移，市售玩具、球鞋都「Made in Taiwan」，本土車廠也正面臨「日本第一」的節節進逼，但朝野依然相信開放，相信自由世界應該攜手合作。

早在一九九二年、九六年，就有總統候選人標榜反全球化、反協防盟邦，他名叫帕特·布坎南（Pat Buchanan），兩次都沒挺過超級星期二。川普的政見雖與布坎南雷同，卻在二十年後入主白宮。只能說如今，連美國上空，也徘徊起國族主義幽靈了。

美國史上當然也曾有領導人是國族主義者。林肯〈蓋茲堡演說〉全文不到三百字，只有十句，「nation」就出現五次，召喚全民努力讓「民有、民治、民享的政府從此長存不朽」，訴求的就是「公民國族主義」（civic nationalism）。這種國族主義並不排外，其國族認同亦無關文化、血統，純是個人自選。人民為何要選擇去認同國族？原因：自由、平等、民主這些普世價值無法憑個人實現，只能加入集體追求。

我們熟悉的國族主義卻不是「公民國族主義」，而是「種族國族主義」（ethnic

nationalism），這種國族認同不是自選，而是基於血統。血統很難追本溯源，因此往往需要神話，中國清末突然冒出「炎黃子孫」就是一例。當時，印度已淪為大英殖民地，列強剛剛瓜分非洲，中國卻尚無國族意識，有識之士就趕忙虛構出兩位民族共祖。

這種國族主義一定排外，卻不見得是操弄。像十九世紀末到二戰期間的中國，還有建國初期的以色列，都有外侮欺逼，同仇敵愾就是合理甚且必要。但如果沒有外侮，也要想出一堆假想敵或代罪羔羊，就是操弄了。

川普的「美國優先」就是一種需要假想敵的國族主義。雖沒明白操弄種族，其陣營對白人至上主義卻一向包容。二〇一七年，白人至上主義者到處貼傳單，配上大字：「你們無法取代我們」（You will not replace us），照片是年輕白人夫妻抱著嬰兒，「你們」不言自明是指其他族裔，這句話也像極納粹德國經常握拳吶喊的那句：「猶太人無法取代我們。」

類似的國族主義近年在歐陸也浮上檯面，只是名稱不是白人至上，而是「認同運動」（Identitarian Movement），二〇〇三年先在法國發起，如今在德、奧、義多國都吸引眾多年輕人。認同派認為自己不是種族歧視，而是相信：「這是我家，別人不該隨便搬來。」他們認為「家園權」也是基本人權，多元文化與異族通婚都是破壞家園。

法國前總統薩柯奇在二〇一六年競選總統，為了爭取國族主義的票，就強調：「成為法國人，你的祖先就是高盧人。」這就很像中國的「炎黃子孫」了，炎帝、黃帝是否真有其人不是重點，反正你就是要相信某位遠古共祖。有趣的是，薩柯奇本人的爸爸是匈牙利人，外公是希臘猶太人，他要怎麼跟法國人有共祖？

事實上法國也沒共祖，數千年都是種族大熔爐，祖先有高盧人、羅馬人，也有阿拉伯人。布列塔尼居民多數是凱爾特人後裔，諾曼地居民的祖先則是維京人。寫《追憶似水年華》的普魯斯特是猶太人，寫《三劍客》的大仲馬則是四分之一黑人。

何況，法國憲法第一條就說：「法國無分血統、種族、宗教，法律之前全民平等。」薩柯奇那句卻有弦外之音：「高盧人在法國高人一等。」這話出自一位法國前總統之口更是令人氣餒，因為國家認同不該看血統，這理念的代表作正出自法國人手筆：一八八二年《什麼是國族》一書，作者是歐內斯特·勒南（Ernest Renan）。

其實放眼全球，這一波國族主義幽靈在東亞上空是徘徊最久的。二〇〇八年北京奧運聖火傳遞在巴黎遇阻，中國就全面抵制家樂福，卻全不關心法國人聲援的西藏人權。那次，就讓全世界充分見識到國族主義已是中國的首要意識型態。

中國已經沒有外侮，此刻的國族主義當然有操弄成分。二〇一六年五月，習近平痛斥「歷史虛無主義」，這是中國獨創的詞，意指不夠愛黨愛國的歷史。

歷史學家袁偉時曾稱愛國洗腦教育為「喝狼奶長大」，教育卻不足以解釋中國年輕世代強烈的國族主義傾向。中國第一本煽動國族主義的暢銷書《中國可以說不》在一九九六年出版，寫法整個仿傚盛田昭夫、石原慎太郎合寫的《日本可以說不》。正是日本這本書，最早在東亞點燃國族主義火種，當時是一九八九年，日本還沒泡沫化。

後來日本進入「失落的二十年」，國族主義傾向就更嚴重了，越來越多年輕人對二戰的知識是來自小林善紀漫畫《戰爭論》，認定日本為發動侵略而道歉是自虐。

然後，中日兩國的國族主義就開始互相激化。二〇一二年中國有一百多城市舉行抗日示威，導火線就是石原慎太郎發起的釣魚台國有化。

除了官方操弄與日本激化，中國年輕人愛黨愛國還有一原因，就是成長過程曾親歷生活水平的提升，真心感受國家富強的尊榮。他們都是出國留學後才知有六四，震撼歸震撼，卻無損他們對祖國的熱愛，對「中國夢」的擁護。

中日兩國的國族主義都有排外成分。日本在二〇一〇年後興起「嫌韓厭中」出版潮，中國則一下子抵制日貨，一下子抵制韓貨。最困擾台灣的，是中國憤青經常把仇日與反台獨綁在一起。一定要「讓台灣重回祖國懷抱」，才算洗刷甲午戰爭的國恥。

既然中國是戴著國恥史觀的眼鏡來看台灣，就很難理解為何我們對「炎黃子孫」或「血濃於水」那套語彙已經無感。我們也無法理解為何「解決台灣問題」才算完成「中華民族的偉大復興」。台灣已用民主方式完成兩次政黨輪替，怎是個需要解決的問題？

理想上，我們希望中國哪天也能跟台灣一樣，從種族國族主義進化到公民國族主義，然後他們就較能理解，國族認同無法靠強迫，只能靠說服。但公民國族主義有個前提，就是大家必須服膺自由、民主、人權這些普世價值。中國雖然也有普世主義者，但目前看不出有變成主流的跡象。

若從經濟發展的角度去想，台灣就較有樂觀的理由。中國這一代年輕人把「強國夢」照單全收，是真心相信共產黨做了很多事。但到了下一代，生活優渥已是理所當然，崛起之勢又已放緩，社會矛盾遲遲無解，人民就不可能還是對黨充滿感激。

香港就是最好的例子：二十年前的國族認同也與上海、廣州毫無差異，可是一旦機會減少，貧富差距拉大，年輕人就把自由民主看的比國族尊榮更重要了。

可是，只要國族主義的幽靈依然在中國上空徘徊，台灣都不可能好過。我們只能沉住氣，不要故意去挑釁。自立自強是必要的，不管在經濟，還是國家安全。

但在自立自強之際，也要小心別陷入國族情緒，像川普那樣，把不該算在別人頭上的帳也算別人頭上。兩千年前後，台資大量西進，的確害台灣錯失產業升級的機會。但近十年停滯，就應該檢討自己了。流浪博士過多、投資不振，這些沒有一點可以怪中國。如果落入國族情緒而延誤改革，吃虧的是我們自己。

民粹不必然是壞事

先是英國公投脫歐，再來是川普當選美國總統，歐美最近都熱衷討論民粹。台灣對這個詞一點都不陌生。自從一九九五年台大教授黃光國出版《民粹亡台論》一書，「民粹」就已是台灣流行語彙。

檢視其用法，都是泛藍罵泛綠，因此「民粹」在台灣，經常與鎖國、惹怒北京、挑起族群意識連在一塊。明明都是衝撞體制的群眾運動，就只有反服貿被扣上民粹帽子，紅衫軍倒扁則沒有。

但「民粹」（populism）的政治學定義就是訴諸人民反抗菁英。若依這種定義，別說紅衫軍是民粹，反黑金，反政商也是。為什麼在台灣，反黑金、反政商都只連結到正義，而不是民粹？

只有一種可能，「民粹」一詞在台灣已經污名化。但台灣這點並不奇特，放眼歐美，這個詞如今也只有負面涵義，是「理性問政」的相反。法蘭西斯·福山在二○一六年七月號《外交事務》撰文，就為「民粹」給了一個新定義：「有什麼老百姓支持的政策，是菁英不喜歡的，菁英就說是民粹。」

這跟原始定義已經差很多了，而且已經變模糊。菁英憑什麼把自己不喜歡的政策全抹黑為不理性？

歷史上有些民粹，是帶來進步的。例如美國第七任總統傑克森很民粹，但若非他鼓吹，窮人也不會有投票權。十九世紀末的美國政治家布萊恩（William Jennings Bryan）也很民粹，也是拜他帶動群眾之賜，美國今日才保障勞權，而且有富人多繳稅的累進稅制。

其實，民主本身很難阻擋錢權結合，權力又容易使人腐敗，因此反菁英不見得就反理性。但在什麼狀況下，民粹真的變成理性問政的相反？

一種狀況，是政見讓人民聽起來很爽，其實根本不可行。就像寓言中的貓愛吃老鼠，老鼠都同意，給貓掛鈴鐺是最佳解決方案。但誰去掛？怎麼掛？

台灣經常有人喊的入聯正名就很像「給貓掛鈴鐺」。誰要去勸中國別對台動武？真動武了，誰要幫台灣擋飛彈？若假設美國願意為台灣挑起第三次世界大戰，就好像老鼠認為人類可以為了護鼠而教訓貓一樣。

第二種狀況，是政見超簡單，簡單到別人都想不到的可能性只有一種，就是他們都太笨或太腐敗。想想川普這次競選，哪次演講沒在罵別人太笨太腐敗？只有他聰明又正派，美墨長城這麼簡單的方案才輪到他來提。

但是別人都不提美墨長城，原因卻是別人都有看到問題背後的複雜度。墨西哥怎可能願意付錢？墨西哥不付，美國有正當手段逼它付嗎？難道美國自己付？會不會排擠其他更重要的基本建設預算？長城就算蓋起來，治本是絕對不可能的，是否治標也是未知數。首先，美國自己不濫用毒品，運毒怎會是好生意？美國槍枝不氾濫，毒梟怎會火力強大？非法移民那麼多，是因為美國真的缺外勞，拉美貧民去美國做合法移工的管道卻太狹窄。

第三種狀況，是吹牛，畫大餅。英國脫歐派在公投前保證，脫歐不只可以讓英國繼續享有共同市場的好處，還可以「拿回國界」。這就是吹牛。歐洲經濟區所有成員國，像挪威，都必須接受與歐盟區之間人員自由流動。因此脫歐根本沒法擋移民。真想控制移民，英國最好留在歐盟，參與政策修訂的所有討論。

有時政客拿經濟榮景吹牛，只能說是欺負老百姓知識不足。貝魯斯柯尼二〇〇一年競選總理，就吹說他很會賺錢，上台後一定可以幫義大利拚經濟。結果他上台只幫自己拚經濟，十年後下台，義大利經濟表現已成為富國倒數第一。二〇一六年大選美國財經媒體一致反川普，也是認為他保證的經濟數字太不合理。

第四種狀況，是政見根本違背程序正義，一例是川普保證不讓穆斯林進入美國，支持度還因此上揚。這個政見他一當選就收回，因為他很清楚美國憲政有多鞏固。後來只禁七國，好像合憲，「九一一」恐怖分子最大來源國沙烏地阿拉伯卻不在七國之內。

菲律賓不幸憲政沒有美國鞏固，因此杜特蒂一當選就馬上實現他最離譜的政見：授權警方當街格殺煙毒犯。半年內，據估有六千人遭到法外處決。

這就要講到第五種狀況，就是政見實現後也許立竿見影，社會卻必須付出長遠代價。菲律賓被當街槍斃的六千人，不知有多少是罪不及死，多少是無辜牽連，多少是被收紅包的警察殺人滅口，又有多少是搶警察女友所以被公報私仇。犯罪率下降是真的，造成的社會裂痕卻會長長久久。

另一例是統治委內瑞拉十四年的查維茲。他把多達一千兩百家企業國有化，產業遍及油電、交通、食品、零售。石油賺來的錢都分給貧民，貧富差距大大縮小是真的，經濟活力卻也被打趴在地。如今他已過世三年，委內瑞拉通膨率卻是嚇人的百分之五百，比戰火中的敘利亞還高。

以上五種都既反菁英，也反理性。但台灣常聽見的「民粹」批評，批評者卻往往不解釋對方到底是哪裡不理性。人民應該要求這種批評者講出理由。如果講不出來，他口中的「民粹」就可能只是福山定義的「我是菁英，我不喜歡」而已。

第三輯

中國不值得台灣自慚形穢

來台陸生抱怨，常被台灣人問「你們那邊是不是上廁所不關門」，覺得受辱。問這問題不只沒禮貌，也透露出問話者對中國的無知。這種無知的另一徵候，就是只要去一次上海或北京，就馬上自慚形穢，回來改口說：「人家進步那麼快，台灣跟人家比什麼？」

若看整個中國，的確進步飛快，經濟規模無疑即將超越美國，有人預估在二〇三〇，有人預估二〇一八。但別忘了，中國人口眾多，GDP雖高居全球第二，人均GDP卻僅是台灣三分之一，還不如巴西、墨西哥。在未來經濟規模超越美國之日，其人均GDP也只會到台灣一半而已。選一個還低度開發的對象自慚形穢，似乎挑錯對象。

不同意的人一定可以舉出許多實例：比台灣先進幾十年的機場、車站，比台灣氣派幾十倍的表演廳、美術館，比台灣蓬勃的網路創業動能。看數字：中國如今人均GDP雖只在全球排名八十幾，卻已是一九八〇年的四十倍。再看言論：微博流行以後，市井小民言論空間已放大不少，發文只要不危及黨領導，想批評什麼都可以。

這種人會說：今日中國就等於二三十年前的台灣，台灣榮景無以為繼是因為台灣太小，領導者又搞民粹。但中國幅員那麼大，黨領導又與時俱進，前景當然一片大好。

問題來了：二三十年前「台灣錢淹腳目」，別說大學畢業生不可能自稱「魯蛇」，連高職畢業生亦不可能。但中國今日明明處於高成長階段，年輕工作者卻已自稱「蟻族」了，意即生活品質低，成天只有工作，卻不敢對未來抱任何希望。

「屌絲」這種自稱則更難聽也更普遍，意即不奢望有城市戶口，是醫療賤民，下一代則會是教育賤民。

經濟成長尚能保八之際，年輕人就自稱「屌絲」了，將來降成五怎麼辦？這就是亮麗的機場、車站背後掩蓋的事實：經濟成長最大功臣明明是廣大勞工，國家卻遲遲不給他們平等的醫療權，也不願給他們下一代平等的教育權，寧願把錢花在面子工程。

中國與台灣的差別，有一項是發展起步時間差距四十年。起步時間的差距顯現在科技應用，就是中國常見的「青蛙跳」現象。台灣都是家戶先裝市話，才有個人陽春手機，進而智慧手機。中國卻不少人第一支電話就是智慧手機，上網經驗也是整個跳過電腦，直接就是手機上網。

「青蛙跳」另一例是領先全球的行動支付。在中國，大多數民眾都是從現金支付直接跳到手機支付，整個跳過信用卡。信用卡不普及，則有保護主義因素，因為中國遲遲不對VISA與Mastercard這些外商開放銀行卡清算業務。

另一例是電子商務（淘寶網、京東商城）。實體零售落後，買東西不方便，因此更容易養成網購的習慣。但勞力廉價是另一原因。像「餓了麼」那種隨叫隨到的送餐服務可以快速發展到兩百個城市，只能說在大小城市，都有眾多風雨無阻，騎著機車跟時間賽跑的底層青年。他們工作辛苦，收入卻極微薄，才自稱「蟻族」與「屌絲」。

再來就要講到中台之間另一差距：規模。所有大國都一樣，地區差異一定大，發展不可能等速。因此中國這種一線城市比台灣光鮮亮麗，其他地方卻落後的現象應會持續下去。正因為很多地方都落後，窮鄉出外謀生的青年沒挑選工作的本錢，「餓了麼」APP在兩百個城市才不缺送餐小弟。

其實，台灣看中國若抱平常心，看它落後就可以理解，看它光鮮亮麗也不必自慚形穢。大家各有各的困難，各有各的長處，如此而已。

重點是，彼此制度不同，發展階段不同，中國值得我們效法的地方真的不多。不值得效法，有什麼好自慚形穢的？

只要搞清楚自己問題在哪裡，就知道哪些國家才是值得我們自慚形穢的對象。如果問題是民主不夠優質，那優質民主的國家可多了，英國、德國都是。

至於產業創新不足的問題，可以效法的對象就更多了，例如瑞典之於流行音樂、荷蘭之於電視製作、以色列之於高科技研發。中國卻起碼還要十五年，才會遇到我們已經遇到的經濟瓶頸，真的還不值得我們自慚形穢。

中國還需要學習強國風度

台灣年輕人不喜歡中國，對岸總怪罪李扁執政十六年的教科書。這種歸因未免太高估學校的影響。事實上，太陽花世代成長經驗跟我輩的一大不同，正是他們多出許多接觸對岸訊息的管道。我輩當年身邊並沒親友赴對岸工作，大學也沒陸生，也看不到對岸藝文影視作品。

太陽花世代卻不是。講起企業家，他們知道馬雲、傅盛。講起音樂，他們聽過萬能青年旅店與宋冬野。他們經常上百度找資料，很自然吸收對岸流行語，「小鮮肉」與「杯具」之類的。光這些用語，就可看出年輕人的中國知識應該勝過上一代。

大家總說年輕人不知中國進步多快。但這一點的問題可能不該怪年輕人無知，而是中國近年國際地位竄升，「知中」門檻也跟著水漲船高。我輩若回到二十年前，關於中國，除了很落後之外還知道什麼？但是今天，如果有人只知中國人上廁所不關門，旁邊一定有人翻白眼。

嚴格說，說中國人上廁所不關門並不算不正確。中國地域差異極大，不管上海西岸的私人美術館吸引多少歐美鑑賞家前來朝聖，內陸總還是有某個農村上廁所不關門。而且，講他們上廁所不關門，可能也不是不知中國突飛猛進，而是故意氣那些逢中必捧的人。

此外，年輕世代接觸中國與我輩當年還有一點不同，就是經常感受台灣受到侮辱。我輩成長時期雖有奧運換旗換歌，但畢竟發生在別國。二〇〇八年陳雲林訪台，年輕人卻是在自家土地被禁止拿國旗，執法者還是我們警察。這種震撼是我輩沒感受過的。

最近一次對岸辱台，是二〇一六年「在台灣一個月就變傻」這話，講話的是中國人民大學教授金燦榮。台灣網友的立即反應是罵回去：「好好笑傻子說人傻」。看金燦榮這話的前後文，顯然他來台一個月都在看無腦電視。他顯然不知台灣還有財經雜誌與網媒，誤把電視當作台灣人最重要消息來源。但是電視「資訊是很多，但都是垃圾」這點卻沒錯。他舉例說，十八樓扔垃圾袋把路人砸傷，這種新聞可以播整天，這在台灣是事實。

面對這種取笑，與其回罵「等你可以google可以上臉書再來說吧」，台灣其實更應該檢討自家電視產業。明明消費者有付錢，也號稱是自由市場，到頭來為什麼劣幣驅除良幣？市場是怎麼失靈的？

最直接做法，是改變新聞頻道之間的競爭規則，把選擇權回歸消費者手裡，而不再被系統台壟斷。政府可以禁止新聞頻道加入聯買聯賣制，也可以強迫頻道每週公布自家各類新聞（政治、財經、娛樂、社會、國際、自製、外購、網上抓免費）

占比，讓消費者在付費時可以參考。

畢竟，對電視觀眾來說，最有意義的選擇並不是按選台器，而是付費選頻道。

就算金燦榮罵電視新聞這點罵的很對，他解釋的台灣人怎麼個傻法就讓人不能苟同了。他批評的知識貧乏，並非台灣人最關心的經濟民生，而是中美軍力比較。台灣人對這話題本就冷漠。不巧，這正是對岸新聞談話節目的最愛。

這是金燦榮演講最讓人不舒服的一點：他看不見兩岸間有體制的競爭，只有中美間有軍事競爭。中國雖想統一台灣，卻不認為有必要爭取台灣民心。當他嘲笑台灣人既傻又封閉時，顯然沒想到「天然獨」之所以越來越多，其實跟教科書無關，跟這種恫嚇比較有關。

中國總驕傲自己有五千年歷史，美國只有兩百多年。但論及國際領導，美國已有七十年資歷，中國目前還是零。因此中國在國際上的表現，很像一名毛躁而且視野未開的青少年：發育很快速，很沒耐性，渴望尊重，一得不到就發怒。

最近一次發怒，是二〇一六年六月王毅在加拿大斥責記者：「你了解中國嗎？你去過中國嗎？你沒有發言權。」其實加拿大記者的提問對象是自己外長，王毅卻搶著罵人。

做為對照，歐巴馬二〇一六年九月亞洲行，被菲律賓總統杜特蒂罵「狗娘養的」，美國就沒任何反應，頂多取消雙方總統會面而已。美國明白，「十目所視十手所指」是大國本來就應該擔待。領導全球雖然風光，代價就是全球挨罵。美國外交官對世界各地的反美示威都已司空見慣。川普雖然粗魯，但也不會回罵外媒：「你了解美國嗎？你去過美國嗎？你沒有發言權。」

金燦榮在演講中，指出台灣不願回歸是因為中國「衰敗」。他這麼講已經不只是傻，簡直就瞎了。全台灣連小學生都知道中國已是強國，而且「強國」還變成貶詞。為什麼討厭美國的人不會把英文「superpower」變貶詞，中文「強國」卻變成貶詞？

這詞諷刺了兩點：一是中國為了追求富強犧牲很多，例如三億民工的醫療權、居住權；二是中國雖然強了，卻還缺一個強國該有的風度。

如果中國不想跟美國學習這種風度，至少也可以參考自家典籍。《論語・季氏第十六》：「遠人不服，則修文德以來之。」在這個時代，「遠人」可以是台灣、香港，也可以是王毅罵的加拿大記者。如果中國好好思忖孔子的話，對中華文化的形象會比砸錢到處設孔子學院更有幫助。

幹嘛怕競爭？

年輕世代反服貿，經常受到「幹嘛怕競爭」的質疑，背後潛台詞就是：草莓才反服貿，反服貿就是一代不如一代。

然而，中老年世代當年大舉西進，樂於與中國人競爭，卻是歷史條件使然，與膽識無關。文革期間，對岸的中學、大學教育曾停頓十年，造成知識技能大缺口。兩千年入世之前，職場也彌漫一片大鍋飯心態。當時台灣人要在那邊吃香喝辣太容易了，根本勝之不武。

何況，年輕人競爭力如果降低，恐怕也是西進種下的因。競爭力是需要機會磨練的。偏偏中國廉價勞工曾提供一條提高獲利的捷徑，致使台灣產業多年懶於升級。產業沒升級，就限制住年輕人的磨練機會。明明是中老年世代的選擇造成經濟空轉，矛頭卻指向年輕人說一代不如一代，這是得了便宜還賣乖。

反方：我沒有一代不如一代的意思，但中國崛起是事實，因此年輕人除了迎向兩岸之間的競爭，已別無選擇。

問題來了：中國有以台灣為競爭對手嗎？台灣是他們統戰的對象，學習的對象。但講到競爭，中國一向只以美國為對象。

當然對方不拿我們當對手，我們也可以拿對方當對手。但這樣有何好處？挑對手不是應該挑強者，一如中國挑美國？挑人均GDP比較低的中國為對手，除了幫助中國進步，有何其他意義？

反方：競爭又不是比人均GDP，而是比努力，比才能。看對岸的大學生多拚，年輕工作者狼性何等堅強！

那為何不想想拚與不拚的背後原因？中國那邊很拚，是因為年輕世代普遍以為自己比上一代幸運，想好好把握這「百年難得機遇」。台灣這邊卻相反，不敢再立志追夢，才變成「小確幸世代」。

反方：正因為不拚的原因是機會寡少，我們才應該向對岸多爭取一些「百年難得機遇」大餅。這樣兩岸之間就會有一大堆競爭。幹嘛怕競爭？

這就回到剛剛問題：這競爭有何好處？更多資源、人才流向對岸，會不會害台灣經濟繼續空轉？對岸資源、人才流向台灣，是活絡我們經濟呢，還是只想取得技術？

何況，年輕人到對岸，看到幅員如此廣大，市場如此複雜，變化如此快速，難免會目不暇給，日日都長不少見識。但這時應該自問，這樣換來的競爭力，是真的競爭力嗎？

舉例，在中國，即使完全合法的事業，也要經過地方政府審批。要拿到審批，就必須搞懂許多潛規則，打通許多關係。如此十年，足可養成博士級的審批取得力。但這能力離了中國有何用處？

因此，我認為了解中國雖然重要，年輕人卻不該把心思放在兩岸競爭力。或者說，年輕人應該認清：根本沒有所謂的兩岸競爭力。真正的競爭力只有一種，就是全球競爭力。

兩岸競爭力 vs 全球競爭力

三十年前台資開始源源西進，許多工作外移到對岸，台灣報刊就常出現「兩岸競爭力」這個用語。這五個字有兩個弦外之音：一、台灣應該以對岸為競爭對手；二、台灣人赴中國工作，隨時接受對岸環境的挑戰，可大大增強競爭力。

要說赴中國工作一定可增強競爭力，道理好像不辯自明。對岸職場比台灣殘酷多多。廣東省一個月倒閉的企業可能比台灣五年加起來還多。年輕人去做台幹，往往一週七天都不敢休息，因為位子隨時有五個陸幹要搶。如此你死我活，當然能激出某種競爭力。

該問的是：這競爭力放到全球舞台，還算不算競爭力？當然，中國因為人口最多，多年來又經濟增長強勁，市場當然千變萬化，最能考驗企業迎向挑戰的能力。多年來也不乏贏家成功走向世界，像海爾、聯想、華為。但這些是少數例外。拿掉例外，在中國打下的一片天往往只限於中國，絕難擴展到海外。

第一個原因，是保護太多產業。這不只會讓贏家離開中國就水土不服，也會變相鼓勵山寨。百度是山寨版谷歌，正版被百般刁難，山寨才可以通行無阻。騰迅成功當然有自主創新成分，但若非臉書、推特被屏擋在外，市占率也不可能如此之高。

第二個原因，是人力便宜。大家總以為這是中國優勢，長遠看卻有礙競爭力，因為它會減少製程升級的誘因，有礙生產技術進步。

第三，是中國挾其市場廣大之優勢，多年來總強勢要求外商移轉技術。這雖讓中國以最低成本達到產業升級的目的，但也容易養成怠惰。等到沒人要移轉技術，就不知該如何升級了。

但最重要的原因，是政府管太多，人治色彩太強。這點打擊面非常廣，我舉電視產業為例，因為這正是對岸磁吸台灣人才最多，對我們競爭力之斲傷也最明顯的產業。

陸劇雖然產量豐富，內容卻相當重複，興邦劇清一色清末民初，戰爭全是抗日。可見創作者小心翼翼，深怕誤觸禁區。

二〇一七年播出的反腐劇《人民的名義》好像很敢：一開始就破獲某小官平時儉樸度日，其實金屋藏「錢」，牆裡、床下、冰箱中滿滿都是鈔票，畫面已很震撼，下一畫面是點鈔員以各種花式動作清點鈔票，更令觀眾大開眼界。緊接劇情有貪官潛逃美國，貪官以假車禍暗算清官，地方貪官原來都有中央掩護。這些都能拍了，難道不夠自由？

只要拿來與美劇《紙牌屋》相比，就知《人民的名義》哪裡束手束腳。《紙牌屋》情節不會忽快忽慢，《人民的名義》卻經常讓觀眾想要按快轉。有時是清官與妻子一起下廚兼聊小孩課業進度，有時是退休黨員長篇大論懷念黨的偉大理想，有時是女官員在查貪之餘還要被同事關心終身大事。這些片段很無聊，卻一直重覆，正是要強調黨內大多是好人，跟老百姓有一樣的苦惱。人民可以討厭貪腐，但不該討厭共產黨。

《人民的名義》熱播，並不意謂審查鬆綁。正相反，它表示禁區與非禁區之間那條線很難拿捏，隨時都在變。在拿捏界線這方面，台灣人是不可能有什麼競爭力的。

但很多台灣人抱定主意，想說不拿捏總可以吧，反正中國夠大，非禁區就足夠發揮了，因此爭相西進。反映在台灣電視上，就是台製節目全面弱智化、粗製化。也不只台灣，一旦香港人才紛紛北遷，港劇港片就不再是巨星搖籃了。問題是，這些人才並沒因為逐鹿中原，在劇烈競爭勝出，就有辦法透過中國走向世界。

真正走向世界的，是韓國。因為語言隔閡，他們人才只能留在韓國打拚，因此才能創作出《大長今》以降一串收視橫掃亞洲的作品。金秀賢不是在韓國、日本比《步步驚心》主角吳奇隆紅而已，就連在中國，他也比吳奇隆紅。全球競爭力一定包含兩岸競爭力，兩岸競爭力卻不見得能轉化為全球競爭力，這就是明證。

值得借鏡的中企經驗

中資企業絕少從中國成功走向世界的，華為、海爾、聯想都算特例。本文檢視這些特例，正是為了思考：台灣人增強競爭力，有必要去對岸嗎？

華為如今已是電信設備的全球第一。員工不只不怕苦，簡直不怕死。歐美工程師絕不想去的非洲、阿富汗，他們都前仆後繼。付出的代價就是辦公室遭機槍掃射，宿舍時不時有民兵衝進來搶劫，三個月患四次瘧疾。連日本福島地震輻射外洩，華為員工也第一時間穿防輻衣進去施工。

這種敬業精神很了不起。但有誰希望自己的父母、配偶、子女在這種企業工作？想清這一點就明白，它不應該是台灣增強競爭力的學習標竿。

海爾進軍海外前，就很懂得開創新利基。洗衣機顧名思義，就是用來洗衣，頂多再洗洗毯子。海爾卻兼能洗菜，只因它發現農民會拿洗衣機來洗馬鈴薯。難得的是它並沒教訓農民使用方式不對，而是埋頭研發適合幫農民洗菜的洗衣機。受過這種洗禮再進軍海外，就會覺得歐美顧客需求並不難解決。

在海爾進軍美國前，中國人並不流行喝葡萄酒，因此海爾本來不擅長生產酒櫃。但用心研究過美國人居家生活，海爾就選擇以酒櫃切入市場。當時，美國人的酒櫃都是放在餐廳一角，或藏身流理檯之下，海爾卻推出獨立式、外型搶眼的雙溫酒櫃，把它變成可向訪客炫耀的客廳擺設。如今，酒櫃已是海爾在美國的旗艦產品。

海爾在中國是冰箱領導品牌，到歐美卻必須背負「Made in China」這個等於廉價三流貨色的標籤。於是海爾選擇從缺錢的年輕人下手，專做適合大學宿舍的小冰箱。大學生整天黏電腦，海爾就推出適合放電腦桌下的冰箱。大學生愛吃冰淇淋，海爾就開發出雙溫冷凍室，讓冰淇淋可以軟度適中。

這種靈活度值得欽敬。台灣因為地區差距小，內需市場很難幫企業培養這種靈活度。但只要願意下功夫，管道還是很多元。許多全球性企業都是把搜集民情的工作外包給專業。三星的做法是請丹麥哥本哈根的ReD Associates做田野調查。這家顧問公司用的不是MBA，而是人類學、社會學博士，專門幫企業做異文化的深度觀察。美國高科技大廠如微軟、英特爾，則是自己養大批人類學家做市場研究。

聯想的成功又是另一模式。它在二〇〇五年買下IBM個人電腦部門，可說無人看好，一來是對方營業額是它三倍，二來是這部門已虧損多年，三來是中美文化南轅北轍。但聯想卻辦到了，不只讓買下來的部門轉虧為盈，也讓雙方發揮最大綜效，如今已坐穩全球PC第一。

這麼成功的併購全世界都罕見。聯想主管想必已在最短時間學會使用英文開會，並適應美國員工的思維，還有美國相當嚴格的勞動法規。這種調適力、學習力的確不凡。

但這種能力在中國絕對是特例。做電視的TLC集團也曾想透過併購法國湯姆遜取得先進技術和海外市場，結果卻跌很慘。因此台灣若想見賢思齊，應是加強自己的國際化能力，而不是鼓勵年輕人去對岸。

三家企業都有值得效法之處，就好像財星五百大企業都有值得效法之處一樣。但我們並沒因為蘋果、星巴克的成功，就鼓勵年輕人赴美工作，勇於和美國人競爭，那幹嘛老鼓勵年輕人和對岸競爭？事實上，三家企業進軍海外，難免吃不少苦頭，卻依然勇往直前，最大動力可能就是不想被美國人比下去。這點，恐怕才是台灣最應該見賢思齊的。

平常心看人才赴中

台灣人才赴中發展，很多淪為台流有家歸不得，很多被用過即丟，鎩羽而歸。當然也有人在對岸找到絕佳舞台，功成名就。只要我們對中國抱著平常心，看這些人的事例就應該case by case。在某些狀況，人才赴中真的是因為台灣不夠好，我們應該找出自己的缺點，想辦法改進。但在某些狀況，卻只能說兩岸本來就條件不一樣，沒什麼好唱衰台灣的。

一例是阿里巴巴集團執行副主席蔡崇信，二〇一四年公司赴美上市前夕，他成了《紐約時報》、《華爾街日報》的追逐對象。放眼世界，像他這樣尚未繼承家產，沒創辦企業，卻年紀輕輕就躋身富比士榜的，真的絕少。目前他絕對是最成功的

「台幹」。

看他的案例，只能說他是在最正確的時間，加入最正確的公司。阿里巴巴給的那種舞台，絕對不是台灣給得起的。電商在中國有辦法迅猛發展，一來是市場不對外開放，二來是人口眾多，三來是實體零售落後。這些條件無一是台灣可以複製。

很諷刺，蔡崇信國際接軌的能力，也必須遇到中國這種不開放的環境，才特別有價值。外資都覬覦中國的網路商機，卻只能投資中國本土企業，這時蔡崇信的紐約州律師資格、華爾街法務經驗、香港投資銀行視野才可派上用場，幫阿里巴巴在緊要關頭吸引來高盛、軟銀、雅虎資金。

湖南衛視《天天向上》捧紅的藝人歐漢聲（歐弟）則是另一回事。以對岸為主要收入來源的台灣藝人很多，歐漢聲不一樣的，是他並非從台灣紅到中國。他是因天涯論壇上一句「歐弟不紅，天理難容」，才從中國紅回台灣的。

問題：「歐弟不紅」這種「天理難容」的事，為什麼台灣當初會發生？我們檯面上有他那樣會搞笑，會跳霹靂舞，也會模仿的全才嗎？根本沒。那他為什麼在台灣不能紅？

這案例是照妖鏡，照出台灣電視生態既醬缸又封閉，競爭大半天，大家卻只想打安全牌。因此綜藝節目主持人才都是老男人，都在複製別人成功的點子。說僧多粥少是騙人的，事實是什麼僧分什麼粥，幾十年都已經固定。

多年沉痾要改善沒那麼快，難道就應鼓勵更多藝人赴中嗎？很諷刺，他的案例也正好點出赴中發展的大風險：黨意凌駕一切。二〇一一年九月，廣電總局一紙限娛令，不准娛樂節目用港台藝人，他的畫面就全打馬賽克了。

他的經歷卻也有值得台灣振奮的一面：為什麼十三億人出不了一個歐漢聲，兩千三百萬人卻出得了？分析他才藝：說俏皮話這項在中國主持人身上很常見，而且搞不好比他更「接地氣」；歌舞是到處可以苦練；但模仿這項卻絕對需要自由環境。台灣百無禁忌，藝人可模仿任何政要、企業家，官方亦不管你要男扮女還是女扮男，才適合培養模仿藝人。歐漢聲雖不是台灣捧紅，養分卻絕對來自台灣。

在全球化的時代，不管台灣怎麼做，都可能會有下一個蔡崇信。下一個蔡崇信也不見得是去中國，可能是去新加坡。但只要台灣努力，下一個歐漢聲沒道理在台灣不能找到舞台的。

學術明星為何選擇中國？

近幾年，不時聽聞有高階人才被對岸高薪挖去。二〇〇六年六月，財經學界三大明星學者巫和懋、霍德明、朱家祥同時跳槽北大國發院。二〇一四年五月，衛星遙測專家陳錕山入選「千人計劃」，棄職赴中國，《自由時報》頭版說這是國安危機。

新聞很聳動，換個角度卻可以問：十三億人口，年年那麼多優秀學子出國攻博，八九〇年代那批皆已在海外學術圈取得一席之地。對岸要爭取人才，找滯外不歸的自家子弟即可，腦筋幹嘛動到台灣？

答案就在美國能源部橡樹嶺科學教育研究所（ORISE）兩年發表一次的《外籍

博士滯美率》報告。美國所有的理工科外籍生，依國籍，中國不只年年取得博士最多，滯美率也一直最高。二〇〇六年取得博士的，在五年後，也就是二〇一一年，有百分之八十五依然待在美國。相較之下，貧窮如印度只有百分之八十二，台灣、日本都是三十八。換句話說，跟別國比起來，中國人才特別不想回國。

正因為腦力流出嚴重，中國才會在二〇〇八年推出「千人計劃」，給高薪，給住房，還有各種補貼，要在十年內吸引兩千人才。不到五年，號稱已超額達成，汽球卻被許多報導戳破，說「千人」返國其實都每年只回去兩個月，占個名額，教學研究還是在海外。

二〇一三年七月，英國諾丁漢大學的曹聰為《南華早報》撰文，分析人才不願回國的原因。他說，中國學界重人脈，海歸學者這方面差人一截，很難申請研究經費。中國研究方法又往往與世界脫節，海歸學者在國內不好找研究夥伴。而且造假成風，論文黑市猖獗，學者擔心回國沾一身腥。

問題來了：中國自家子弟都不願回國了，為什麼台灣學者要赴中？是短視，只看高薪嗎？

每次學界討論人才危機，總先呼籲人才給薪應該更彈性。教育部從善如流，就推出兩百億「彈性調薪」計劃。很諷刺，入選而被加薪的，有一位就是虛構「同儕審查圈」而在二〇一四年被英國賽吉公司撤文六十篇的陳震武。

陳震武入選「彈薪」，反應出台灣人才評鑑有問題。巫和懋受訪，為自己赴北大的決定辯護，亦是把台灣教學研究環境數落一頓：論文重量不重質，缺乏汰弱扶強機制。《新新聞》挖掘陳錕山棄職原因，亦是指向內鬥。

學術人才選擇在哪裡貢獻所學，薪水往往不是唯一重點，還要看治理。砸錢很容易，但要打造一個讓人才如魚得水的學術文化則困難許多。中國學術界並不是一個可讓人才盡情發揮的環境，往往砸錢也搶不到別國人才。但它竟然搶到好幾位台灣明星，只能說台灣真要好好檢討學術環境了。

英文為何看不見中國崛起？

我剛去美國念書時，發現有個英文字，字典說是來自中文，我卻認不出。這字gung-ho是「超有幹勁」的意思，報刊常出現，一九八六年還成了好萊塢片名（台灣譯名《超級魔鬼幹部》），九七年又成了商管書名，書名中譯《共好》，但中文根本沒這個詞。

後來我才查出原文是「工合」。紐西蘭人在二戰期間曾在中國成立一個「工合國際委員會」，創辦多所「工業合作社」生產物資。這組織在中共上台後就結束，難怪我沒聽過。但有位美軍顧問回美國，大談「工合」精神，gung-ho才進入英語。

二〇一三年六月，《經濟學人》電子版的語言專欄曾有一文，問：「源自中文的英文外來語為何絕少？」大意是說，中國改革開放已三十幾年，經濟崛起也已經二十年，為何英文近年沒冒出新的中文字詞？

作者說，最接近的好像是guanxi（關係），但這字只出現在討論中國經驗的文章裡，要跟中國打交道的少數人當然知道，一般人則不知。不像日文，進入英美一般民眾意識的詞語已一長串：haiku（俳句）、tsunami（海嘯）、samurai（武士）、karate（空手道）等等。

這觀察有點讓人驚訝。歐美近年流行中文熱，富商還幫小孩請華人保姆，怎會沒有中文字詞進入英文呢？

回答這個問題就要先思考，一個語文什麼時候會引進外來語？最常見的狀況是殖民侵略與文化碰撞。例如台語麵包「pan」，就是透過日文輸入台灣的葡萄牙文。葡萄牙人把這字帶去日本是文化碰撞，日本人把它帶來台灣則是殖民侵略。

中文是表意文字，造詞機制又特別彈性，因此中文的外來語算少。例如電視、電腦、互聯網這些外來新事物，日文就全是外來語，中文則只是表意新詞。

中文史上第一次大型文化碰撞是佛教東來，像世界、智慧、功業、劫難都是佛經譯者的新造詞，但有些概念實在太新，只好從梵文音譯，像僧、佛、禪、菩薩、剎那、真昧，就是外來語。

第二次大型文化碰撞是西風東漸。今天我們打開報刊，入眼全是清末民初大量湧現的新造詞：藝術、政治、社會等都是和製漢語，也就是日本人造的詞。當年是福澤諭吉決定把economics譯成「經濟學」，「經濟」才有了今天的意思，跟「經世濟民」已經不一樣。

「自由」也是，雖然《後漢書》已有「百事自由」，《水滸傳》有「金蓮心愛西門慶，搖蕩春心不自由」，意思卻是任性、放縱。是到十九世紀五、六十年代，編寫《和蘭字彙》、《英和對譯袖珍辭書》的日本翻譯家把荷蘭文的vrij、英文的liberal、liberty譯成「自由」，中文才有了我們今天理解的「自由」。

當時也有直接從西洋直接引進的外來語，例如：馬達、引擎、浪漫、杯葛（boycott）、三明治等等，跟和製漢語比起來卻不算多。

英文是表音文字，侵略、被侵略、文化碰撞的經驗都很豐富，外來語當然超多。維京海盜為英文帶來egg。一〇六六年諾曼第貴族威廉征服英格蘭，則為英文帶進大量法語。全世界語文中只有英文，豬肉（pork）、羊肉（mutton）在造詞上與豬（pig）羊（sheep）全無關係。在中世紀的英格蘭，養豬羊的平民講英文，吃豬羊的貴族講法文，才會有這種語言分裂。

餐館是巴黎發明的，因此英文restaurant保留法文發音。幼稚園是德國發明的，因此kindergarten來自德文。Robot原是捷克文「奴工」，因為卡雷爾·恰佩克（Karel Capek）一九二〇年科幻劇《羅素姆的萬能奴工》而變成英文「機器人」。這些外來語都是文化碰撞的結果。

至於來自中文的英文單字，絲路貿易留下了silk（絲）與tea（茶）。十九世紀後只有西風東漸，沒有東風西漸，語言當然就是一方大量入超。英文的中文字詞雖有一些，卻很少，而且有點貶意。例如 shanghai 作為動詞是拐騙之意，還有另一動詞 kowtow（叩頭），背後制度明明已推翻百年，這字在英文卻持續使用。

這就回到《經濟學人》的問題：中國不是正迅速崛起嗎？為什麼英文看不出這點？文章既然是拿中文跟日文比，我馬上想到二者一大差別就是發音難易度。看過歌舞伎的英美人士應該沒比看過崑曲的多，但是 kabuki 可進入英文，kunqu 則不行，應是英美人士不知 kunqu 怎麼發音之故。

但問題來了，algorithm（運算法）與 algebra（代數）原文是阿拉伯文，原始發音也很難。但英文只是改掉發音，還是把字借去。當一個語文非常需要某一概念，又沒法自造新詞，自然會跨越發音障礙，把字借去。

因此英文近年沒出現新的中文字詞，更可能原因就是沒發現什麼它想借的概念了。難道，中文就沒什麼概念是英文沒有的嗎？

答案可多了：仁、義、知恥、俠義，這些都是中文獨有，目前在英文卻連個影子也沒。這時不免質疑：北京花那麼多錢辦孔子學院，不是想展現文化魅力嗎？目前成果何在？還是北京財大氣粗，反而讓仁、義、知恥、俠義這些概念更難輸出？

其實這幾年中國崛起，英文倒是冒出兩個有趣的新字，但不是源自中文。第一個是FILTH，本意渣滓，現在卻是「fail in London, thrive in Hong Kong」的縮寫。九十年代許多英國人遷居香港，英國媒體就取笑他們是倫敦混不下去，香港才吃得開的渣滓族。

第二個字FISHTAIL，魚尾族，近十年才在英國媒體出現，是「fail in Shanghai and Hong Kong, try again in London」的縮寫，意即英國人在上海、香港也吃不開了，只好回倫敦試運氣。

兩個新字雖也看不出中國的文化魅力，至少承認中國變化真的很快速。

第四輯

多少人可以念大學？

九十年代起，少子化已很明顯，大學新設院系卻依然快速增加，遂有了「大學錄取率百分百」的怪現象。但合理的大學錄取率是多少？二〇一四年九月，教育部長吳思華提出他的看法，他說是六成。

他雖沒說明這上限的決定因素何在，但既然說是參考先進國家，言下不無「再怎麼先進，也只能六成人口念大學」之意，意即決定因素不是經濟，不是辦學水準，而是人類平均智力水平。

這卻是搞錯教育水平的因果關係。一國所需的教育水平並不是看人民會念書的程度，而是經濟複雜度。我們祖父輩有大批文盲，我們這一代則起碼念完高職，並不是我們比祖父輩會念書，而是祖父輩從事的工作（例如種田）不需要識字，我們這一代的工作卻需要大量基礎知識。

如果認為高等教育人口有六成上限，等於是假設經濟已經到頂，不會再往上。趨勢專家看法卻不是如此。專家都預測，機器取代工作的速度即將加快。十五年後的公車、計程車甚至飛機都會是無人駕駛，棒球賽也不再需要真人裁判，甚至學校中授課、改作業也不再需要那麼多的真人老師。

將來，必須是機器無法勝任的創意思考、複雜溝通，才會是不被淘汰的工作。到時人人都必須具備深厚的人機介面知識，要會寫程式，或運用程式做產品設計。可想而知，我們下一代需要的教育水平一定比我們高，今日連最先進國家也還沒搆到。

吳思華看少子化，顯然只看到大學退場的問題，而沒看到經濟面臨的一大挑戰。一旦青壯人口減少，工作人口負擔就會增加，台灣若想維持生活水平，只有提高人均生產力一途。不提高教育水平，人均生產力怎麼提高？

何況，中國離我們那麼近，語言又相通，要比人力多寡、市場大小、土地取得難易，台灣都不是中國對手。唯一能把產業留在台灣的，就是人力素質而已。如果教育水平不能領先中國一截，產業就等著被掏空。

不過，吳思華看法並不奇特。大多數人想法中，很多大學生不用功，只想混畢業，正因為他們本來就不是念大學的料。

這種歸因卻輕忽了學生不用功背後的因素。一是大學辦學水準：因為「五年五百億」等錯誤政策，大學增加許多行政工作，教授時間被割裂，當然大大影響備課品質，連帶拉低學生學習意願。

二是高教膨脹速度太快，新聘教授雖然很會生產論文，傳授知識卻不是產業所需。學生就算用功，也不可能變成產業需要的人才，當然就不想用功。請注意，這跟大學太多是兩回事。是一時膨脹速度過快，才冒出太多條件不良的大學。

何況，光講多少大學生沒資格念大學也有個邏輯盲點。高教膨脹怎可能只膨脹到學生人數，卻沒膨脹到辦學者與教授人數呢？為何大家只質疑大學生念大學的資格，卻不去質疑辦學者的資格？只怪大學生不用功，卻不質疑教學品質？

事到如今，應是快想辦法改善學生受教品質，並拉近學用差距。亡羊補牢要緊，計較誰有資格、誰沒資格已經無濟於事。

高等教育適合市場機制嗎？

台灣新生兒總數在一九九八年驟減五萬，代表十八年後大學的入學申請總數也將少掉五萬，這就是高教圈聞之色變的「一〇五大限」。一進入民國一〇五年，就是許多校系卯足勁招生的生死關頭。這時台大校長楊泮池接受專訪，提出「大學存亡應交給市場機制」的看法。

這話乍聽合理。市場機制就是政府不介入的意思。政府介入，就會有權力運作空間，就沒辦法汰弱扶強，會浪費納稅人的錢。但是，高等教育有可能政府完全不介入嗎？

別說高等教育了，這世上哪有產業是完全政府不介入的？連英、美等這種最崇尚自由的經濟體也有工時限制、基本工資、專業證照、商品標示還有場所消防檢查，這些都是政府介入，都有限縮人民的交易自由。

至於高等教育，政府介入就更多了。英美亦有公辦大學，亦有納稅人補貼的低利學貸。但是，台灣的介入卻不只這些。英美並不管私立大學學費，對公立大學頂多只管董事會組成，不再管校長遴選辦法。這些在台灣卻全都有管。

不過，政府介入在台灣最嚴重的，絕對是教育部長蓋章的教師等級證書。為了它，許多教師都必須為論文點數奮戰。偏偏，教學與研究是很不一樣的能力，二者兼擅本就不多。政府逼所有教師寫論文，一定會拉下教學品質。

另一種傷害教學品質的介入，則是各種評鑑。學生付大筆學費，支應教職員的薪水，教職員卻花太多時間在應付評鑑。這對學生是很不公平的。

不過，由台大校長來說市場機制，最奇怪的一點卻是：市場機制代表自由競爭，台大何曾跟別校進行過自由競爭了？

教育不同於其他產業，有一點就是品牌特別倚賴歷史名望，因此各國第一名校，如英國牛津、美國哈佛、中國北大，往往是該國最古老大學。今天台大備受政府保護，從來不必面對市場，校長卻敢夸言市場機制，正是恃其百年名望，而不是楊校長或其前任辦學有特別厲害。

市場機制也意謂選擇自由。十七八歲年輕人在選校系時有多少自由，恐怕也是大問題。一來是百年名望所製造的「進台大最棒」這種社會期待，二來是青少年可能自我認識不足。選法律系時，已經知道自己熱愛談判，也適合閱讀厚厚卷宗了嗎？選戲劇系是崇拜明星光環，還是真的知道自己喜歡表達情感？如果不知道，就是亂選瞎選，不算自由選擇。

何況，一定有人去念台大戲劇系，是一心進台大，什麼系都好，既然分發到戲劇系，就念下去了。這更不算自由選擇了，因為他連選都沒選。

也有違市場機制的，還有學校與學生之間的權力不對等。電腦買回家，不合用可以馬上退貨。看病覺得病情沒好轉，也可以換醫院。學生卻沒類似的後悔權利。轉校或轉系，常要等一年。註冊費繳了，還不知能否選到自己想要的課。遇到講課無聊的老師，只好認了。

還有台灣流行的，學期到一半，老師突然被借調去當官，學校樂觀其成，因為朝中有人好辦事，學生卻不能要求學費打折。台大常有這種事，讓校長的「市場機制」說更顯荒謬。

其實，高等教育有公益性質，不可能完全沒政府介入，重點是介入方式照顧到誰的權益。如果升等方式與教學評鑑已衍生弊端，又打擊學生權益，這種介入就很不應該。

政府可以做的，是協助揭露更多資訊，讓高中生在選校系時可以參考：曠課、轉系、延畢、中輟等各種數字，還有離校十年後的薪資水平。

但是，適度的市場競爭對高等教育也是好事。公私立學費差距太大，不只拉大貧富差距，也讓公立大學完全不必煩惱招生。最符合市場機制的做法應該是教育券，學生人人一張，選哪一校系，經費就去哪裡。這樣可以減少貧生的學貸壓力，也可刺激所有院校不分公私立，都更重視學生權益。

此外，台大既然已有百年名望這個靠山，在資源上面是否應該得天獨厚，也可以商榷。一來，各產業菁英已充斥台大校友，募款條件如此充足，何必向政府拿錢？二來，台大生的家庭經濟水平往往優於私大生，卻坐享低學費，這是俠盜羅賓漢的相反，是劫貧濟富。

如果這種學費補貼是一種獎學金，獎勵台大生在中學時期學習成就特優，也不符合效益。最有效的誘因不是應該針對眼前，而不是過去嗎？因此獎學金應該分散到所有學校，給所有努力向學值得獎勵的大學生。

把學費補貼分散到其他學校，台大學費就勢必提高不可。當然有些家長會負擔不起，但熱門科系如資工、醫學，畢業後都有高薪，十年內清償學貸不是難事。冷門學系如人類學、哲學的確需要補助，但也應該只針對那種有志於人類學、哲學的學生，而不是「只要進台大什麼系都好」那種。

至於醫學系，畢業後從事癌症研究，這種學生得到學費減免，大家應該都沒意見。但如果只是幫富太太打玻尿酸，這種學生就應該完全自費了。

但台大可能會因此而收不到不願背負學貸的窮生。這裡，最服膺市場機制的經濟大師傅利曼（Milton Friedman）就能幫忙了。早在一九五五年，他就提出過一種「免費念大學」的籌資模式。

傅利曼構想的大學學費應由金融機構支付，但不是學貸，而是購買某種權益。學生未來就業開始有收入，金融機構將擁有數年的抽成權。這種模式最適合熱門科系，也就是公認念完可帶來高收入的科系。如果是資工系，投資者也許可抽取畢業生十年收入百分之十五。醫學系學費更昂貴，也許抽成必須長達十五年。畢業生賺的多，金融機構的投資報酬率就高。畢業生賺的少或找不到工作，虧本的就是金融機構。條件可由大學出面與金融機構談，辦學越成功，可幫學生談到的條件就更好。

這種籌資模式有一點勝過學貸，就是教育品質會更有保障。金融機構關心報酬率，一定會努力檢視授課內容有沒符合產業需求。這樣的市場機制對學生相當有利，值得大學鄭重考慮。

出國攻博值得重金鼓勵

根據美國國家科學基金會公布的數字，台灣學生在美國取得博士學位的高峰是一九九四年，那年光在工程與科學類，就有一千三百一十名台生拿到博士。之後一路下滑，在二〇一五年已掉到一半，只有六百一十五名台生取得博士，比一九八五年的七百四十五還少。二〇一五年中生在美取得博士則多達五千三百八十四人，是台生的八點七五倍。

拿到博士變少，反映的是出國念博士變少。九十年代起，遊學，也就是出國念短期語言學校，就有取代留學之勢，成為青年學子首選。如今小學遊學團已不稀奇。高中畢業直接出國也變多，馬英九、朱立倫的女兒都是顯例，私立高中紛紛開設國際升學班。

出國念博士人數減少，許多人怪罪年輕人不願冒險，潛台詞是前代年輕人較願意冒險，這是把問題癥結搞錯方向。

其實，前代年輕人出國念博士，原因並非願意冒險。五、六〇年代的赴美留學，許多其實是一九四九年逃難的延續。當時兩岸劍拔弩張，官民皆不知台灣可撐多久，綠卡就是最好的保命符。為了要有綠卡，家裡就必須有子弟赴美拿博士。

經濟是另一誘因。當時台美生活水平差距太大，美國中產階級都家家有汽車了，台北人還以三輪車代步。尤其一九五七年蘇聯發射人造衛星，美國起動登月計劃，理工方面求才若渴。當時台灣理工科畢業生要申請到獎學金相當容易，赴美攻博遂成為理所當然，才會有「來來來，來台大，去去去，去美國」的流行語。

當時台灣沒設研究所，與其說是教育經費不足，不如說是經濟條件使然。工業化剛起步，並不需要多少高端知識工作者，當然不需要培養碩士博士。頂尖學生想更上一層樓，只有出國一途。

這麼說來，出國念博士人數減少，其實是多種正向趨勢匯流起來的不幸副作用。一九八九年柏林圍牆倒塌，民主自由成為世界潮流，「赤禍」憂患大減，台灣人當然不再視綠卡為保命符。

再來是三十年的高成長，我們的生活水平已趨近美國，有些地方還勝出。例如深夜走在路上很安全，隨便一個巷口都能買到熱食，所有大城市都一小時車程就可上山泡溫泉，或去海邊騎自行車。這種「舒適圈」別說年輕人不想走出去，歐美外交官只要駐過台灣，許多人都不想離去，因此前荷蘭駐台代表胡浩德、前瑞典代表畢恆利、前美國代表司徒文都在任期結束選擇留在台灣。

經濟成長到某一階段，就有了高階人才需求，因此台灣開始廣設研究所。教授為了招生，一定會跟學生說念研究所不必出國。同時，只要是熱門領域，國內碩士都有企業搶著要。諷刺的是，同樣是熱門領域，美國名校博士卻有「回不來」的苦惱。

二〇一五年天下雜誌的《志氣，為人才而戰》紀實片就曾採訪麻省理工學院的一群博士生，這些人一路在台灣受教育，當初若沒選擇赴美攻博，一定是竹科大廠搶著要的。如今他們即將在新創科技的最頂尖學府取得博士，台灣卻沒適合工作。他們說：「台灣適合PhD的工作只有台積電。」讀到這裡，哪位頂尖學生還想出國念博士？

然而，「台灣適合PhD的工作只有台積電」這話卻值得省思。為何其他竹科大廠只對台清交碩士有興趣，卻對ＭＩＴ博士沒興趣？這些大廠也坐擁大筆資源，也面臨劇烈競爭，雖也求才若渴，卻不想要台積電等級的人才。難怪台積電不需憂慮「紅色供應鏈」崛起，其他台廠卻需要。

「台灣適合PhD的工作只有台積電」這話的警示意義，應是台灣缺乏運用頂尖人才的產業環境。這裡我們就要想到台積電領導者的人生歷程：張忠謀一九四九年赴美，六四年拿到史丹福大學博士。當時要他回來，一定也是「回不來」的。必須等到八五年，他已在美國累積相當的高科技產業管理經驗了，台灣又需要半導體產業開創者，他才回得來。

台灣缺乏運用頂尖人才的產業環境，真正原因應該是張忠謀這樣的企業領導人太少。這種領導人本身就是頂尖人才，一路走來也習慣身邊都是頂尖人才。張忠謀在美國就已經習慣與名校博士一起工作，回台灣才打造得出適合聘用名校博士的企業。

張忠謀當年赴美，並不是因為熱愛冒險，而是有一九四九年的因素。在美國一待三十六年，則是因為「回不來」。台灣如今缺乏五、六十歲的「張忠謀」，難道不是因為八〇年代起，留美博士太容易回來？這些人就算本身是頂尖人才，一回來就習慣跟非頂尖人才共事，久而久之，就不知道要怎麼與頂尖人才共事了。

台灣當年流行出國念博士的因素，如今已無法複製。如果我們希望未來能多幾位「張忠謀」，最佳辦法就是祭出高額獎學金，鼓勵頂尖學生出國念博士。像美國雖有全世界最頂尖的高等學府，大學生競爭最激烈的獎學金卻都是為了出國念書。柯林頓總統曾是羅德斯（Rhodes）獎學金的贏家，留學牛津大學。諾貝爾經濟學獎得主史迪格利茲負笈英國劍橋，則是拿傅布萊特獎學金。兩種獎學金都代表莫大榮耀，鼓勵最優秀年輕人出國學習。

台灣現有公費留學生拿到學位必須馬上回來，這種做法已經過時。台灣需要的並不是學位，而是產業視野，所以當然希望博士別急著回來。他們必須人數夠多，在美國也累積到足夠經驗，回來才有辦法改變台灣，打造出適合頂尖人才的產業環境。

這建議一定會引起質疑。例如：台灣還缺博士嗎？流浪博士都那麼多了。

的確，博士求職不易，並非台灣獨有現象。《經濟學人》二〇一〇年十二月就有一文〈攻博到底值不值得〉。文中指出，平均說來，博士學歷比碩士新增收入只有區區百分之三。在理工、建築、教育等領域，博士加值還不增反減。如果博士自以為薪水應該比碩士高，企業卻不做如是想，博士求職當然困難。

但是，一定連《經濟學人》也無法否認，對的人在對的領域，讀博士絕對值得。所謂對的人，不見得是從小到大都考第一名那種人，而是最會問聰明問題，也會構思方法求取解答那種人。所謂對的領域，則是競爭優勢需要密集研創，研創又必須建立在深廣知識上面那種領域。特倫（Sebastian Thrun）若沒經過博士訓練，怎能變成無人車之父？

何況，博士求職困難，反映的是高等教育過度擴張，讓許多不對的人進入不對的領域攻讀博士。這不是台灣獨有現象，台灣卻特別嚴重。原因是一九九四年後技職學校大量升格，一時之間教授職缺超多，學子誤以為博士很好找工作，紛紛不假思索去考博士班。等到大學教職額滿，新科博士突然發現學界窄門難進，又進不了產業界，就成了流浪博士。

那麼，博士為什麼進不了產業界？

最明顯答案當然是產學脫節。這點教育部的錯誤政策脫不了干係。大學評鑑只看論文點數，學界想題目當然不會想到產業需求。

如果學界沒考量產業需求，業界何不主動出擊？美國學界之所以常做出領導產業的研究，背後即經常有產業界的推波助瀾。企業的研發人員經常參與學術會議，找尋可以合作的團隊。找到對的人，企業不只出資，也一起討論題目，這樣培養出來的博士當然可跟產業無縫接軌。

想到這裡，就知道產學脫節的問題不能光怪學界，產業界也要負相當責任。產業界沒找學界合作，背後原因可能不單純是吝嗇，也有長久不注重研發的問題。這就要講到台灣產業正面臨的轉型瓶頸。不知道該往哪個方向轉型，當然就想不出題目。我們常說台灣產業只會做代工，其實代工不是問題，與高等研究脫節才是問題。跟高等研究脫節的企業，當然不想聘用麻省理工博士。

要糾正這些問題，評鑑方式改變是必要的，卻還不夠。學界需要培養產業宏觀視野。偏偏視野這種東西不是上面要你有，你就有的。美國學界的宏觀視野也是經過幾十年涵養，才有今天局面。

同時，台灣業界也需要善於運用學術資源的將才。既然矽谷最擅長培養這種將才，這些將才又大多出身美國名校，台灣當然就應該把頂尖學生送去美國名校。美國雖然博士也是供過於求，科技大廠卻一向只用博士做研發，而且不限理工科。像微軟、英特爾都積極招聘人類學博士，為了研究不同文化與科技之間的互動方式。

最愛聘博士的則是谷歌。二〇〇四年六月《紐約時報》曾登出一文〈谷歌的秘密武器是什麼〉，答案是大量聘用博士。兩位創辦人佩吉與布林雖沒念完博士，找來的執行長施密特卻是博士，晉用新人也偏愛博士，目的是為了讓所有部門都彌漫研創風氣。現任執行長雖然不是博士，愛用博士這點卻一直沒變，以至於網路討論版不時冒出這種問題：「我剛考進谷歌，但我不是博士，請問我進去會不會日子不好過？」

再來的問題：萬一頂尖學生出國了不回來，怎麼辦？

的確，送人才出國一直有腦力流失的風險。問題是，腦力流失對台灣來說已是現在進行式，而且是流向對岸。腦力流向對岸與流向美國之間有一點大不同。流向對岸，只會助長紅色供應鏈興起，流向美國卻可提升產業。

柏克萊學者薩克瑟尼安（AnnaLee Saxenian）在二〇〇六年出版的《新世代科技冒險家》（*The New Argonauts*）書中，舉出許多台灣、印度、以色列工程師把矽谷經驗帶回家鄉的實例。他們帶回更先進的技術與企業文化。就算不返鄉，也可透過跨國的合作研發、提供實習機會，拉近家鄉跟矽谷之間的距離。薩克瑟尼安稱這是「腦力流通」（brain circulation）。

然而，台灣流向對岸的腦力流失，卻不可能變成腦力流通。中國人多，彼此又競爭，領先台灣的產業絕不會向台灣挖角。來挖角的，一定是落後台灣的產業。台灣人才去對岸走一遭，可為自己賺到高薪是真的，有助對岸縮短學習曲線也是真的，但對台灣能有什麼幫助？

其實，兩岸因為語言相通，距離又近，對岸一旦選中哪個產業想要急起直追，台灣永遠會是他們高薪挖角的首選。這是台灣不可能改變的宿命。台灣能做的，就是進步再進步，別讓人才有坐困愁城之感。畢竟，沒人喜歡一個家分兩邊，台灣的居住品質也比較好。若非龍困淺灘，很少人是為了高薪就想離開台灣。

台灣要進步，就必須想方設法拉近台灣與矽谷之間的距離。用豐厚獎學金，把頂尖學生送去美國名校，可說是目前最可行的辦法。

高等教育的科技海嘯

台灣新生兒數目年年下跌，跌幅最大是一九九八年，一口氣遽降五萬，代表十八年後的大學適齡人口也將遽降五萬，這是高等教育聞風色變的「一〇五大限」。這種危機無論發生在何時都很糟，偏偏此時高等教育的科技海嘯正要襲來，就更不妙。

這場海嘯就是線上課程。一開始，大家以為線上課程就等於MOOCS，也就是英文「大規模開放線上課程」（massive open online courses）的縮寫，台灣又譯「磨課師」。資金大筆投入，名校紛紛為旗下明星教授錄製教學影像，《紐約時報》宣布二〇一二為「磨課師元年」，卻雷聲大，雨點小。大家想註冊就註冊，想中輟就中輟，完課率奇低無比。才二〇一三，《華盛頓郵報》就宣布磨課師風潮過了。

緊接著就出現另一種模式，叫SPOCS，是「小規模限制性線上課程」（small private online courses）縮寫，台灣譯成「師博課」。SPOCS不是隨便人都可以註冊，遠距學生必須跟現場學生一樣，按進度交作業，參與討論。五年實驗下來，遠距學生的完課率幾乎與現場學生無異。因此，未來應是朝這方向發展。

哈佛法學院有一堂〈著作權法〉師博課，授課教授是威廉·費雪三世（William Fisher III），二〇一三年後年年開課。校內學生有一百名，在教室上課，校外人士報名可能多達數千，全世界都有，但教授一次只收五百名。這些遠距學生是線上觀課，並加入助教主持的線上討論會。另外，這堂課也授權全世界十幾家大學使用，這些大學雖然也有老師在教著作權法，卻有權使用哈佛課程材料。

這是進展飛快的科技。可想而知，真人教學與線上課程，將來還會有多種混搭的可能。人工智慧進展下去，將來作業甚至不需真人批改，線上討論會也不需真人主持。

不誇張的說，這是千年未有之變局。自從十一世紀歐洲初設大學，千年來的大學教學都好比醫生看診或美容院理髮，一定有時間、地點、服務人次的限制。教授與學生必須齊集同一教室，一堂課只能收那麼多學生。大學辦學再怎麼優異，也無法增加學生人數。但有了線上課程，師生比不再是問題，教室大小也不再是問題。這是破天荒，高等教育第一次突破生產力瓶頸。

生產力大躍進，代表成本大跌。將來大學學費鐵定可以大幅調降。這會拿掉學生與政府的財務重擔。更棒的是，學生也將享有無限寬廣的選課權。修熱門課不必再上網搶位，也不必再為兩課撞時而被迫二選一。就算你不是念台大，甚至不是住台北，或者已離開校園多年，也可以選台大名師的課，甚至哈佛名師。

換句話說，台大將來錄取新生，可能不再是今天的四千人，而是八千人。這對台大來說當然是好消息，但對其他大學呢？

一定會有大學退場，很多教學工作會被科技取代。但更精準的說，是高等教育勢必改頭換面。十年後的高等教育，樣貌會跟今天很不一樣。

首先，競爭規則將大改。本來，大學都靠校譽在招生，校譽則靠研究。世界大學排名，政府給經費，都看論文質量。這對學生不公平，因為會研究的教授不見得會教學。一直以來，大學都沒辦法靠教學品質招徠學生，一大原因正是教學品質很難評比。但線上課程將改變這一切。

拜桑德爾〈正義〉公開課之賜，哈佛如今魅力已不僅靠學術實力，也靠桑德爾這種超級名師了。名師將在全球享有好萊塢明星般的知名度。這將促成教研分流，不走研究路線的大學亦可躋身一流大學。

當然還是會有研究型大學，台清交之類的，但許多大學可能要面臨選擇，看是要轉型成只收研究生的研究機構，還是專攻教學。

不放棄教學的學校勢必要結合真人與線上資源。桑德爾〈正義〉課要達到最好效果，一定要搭配在地老師主持的討論課，使用在地案例，供學生彼此切磋思辨。像費雪教授的〈著作權法〉授權北京人民大學，就是這種模式。

名校若要維持校譽，就必須投入線上課程製作。但必須要有心理準備，這產業一定會跟影視業一樣競爭，而且是全球性的競爭。每種科目到頭來可能只剩三四種贏家。先期投資龐大，許多可能血本無歸。但贏家賺到的收益將是長長久久。事實上，可能只有贏家才能維持大量真人教學，並以此招攬學生。

課程與課程之間的競爭，要比老師魅力，比音像製作，也比互動品質。大學可能需要跟網路、電玩業者結盟，才能取得技術優勢。

兩岸都使用中文，因此台灣勢必要面臨對岸的競爭。十年後中國史、中國文學的最熱門課程，主角是台大名師還是北大名師，將攸關文化詮釋的主導權。

學習動機最強的學生可以待在家，線上學習，線上交作業，只偶爾去學校考試，就一路念到畢業。但畢竟這種學生是少數。大部份學生還是需要輔導，需要一點壓力，才能如期完成學業。換句話說，許多教授可能要轉型為學習教練，或學習顧問。

科技可取代真人上課，並且批改作業，但許多大學生付學費，圖的可能不是上課與作業，而是一張文憑，也就是認證。在線上課程時代，大學勢必要強化認證功能。事實上，有些大學也許必須轉型為認證機構，不做真人教學，也不經營學習社群，只讓學生付最少學費，取得認證，拿到文憑。

認證功能要怎麼強化？也許，使用桑德爾〈正義〉課的大學都必須跟哈佛簽約，保證它給的成績經得起檢核。也就是說，大學本身要經過很多「考試」，而且是課程提供機構（桑德爾的哈佛）的考試，才能證明它本身有能力給學生考試。

可預期的是，學用脫節這個沉痾將因線上課程而自動解決。學用脫節一大原因，正是許多博士生以為將來可以做教授，因此挑選題目並不注重產業需求。但將來教職大減，博士生清楚自己未來屬於實務界，研究方向自會趨向實務。台灣缺師資的實用科目如人工智慧，也可以跟美國買整套學程。

這麼說來，線上課程真是好處多多。但前提是大學必須應變，考量自己條件，選擇適合自己的轉型方式。可惜我們教育部與大學主事者現在都一個頭兩個大，都在煩惱少子化所造成的招生危機。這不只會壓縮真正大海嘯來襲前的黃金應變時間，也會把台灣享受新科技便利的時間往後延，因此有點不妙。

為什麼要學歷史？

為什麼要學歷史？許多人會說是為了鑑往知來，「以史為鏡，可以知興替」。這話不像有歷史根據。人類歷史一大特色就是不停物換星移，隨時都「此一時，彼一時也」。同樣是金融風暴，二〇〇八就與一九二九那次有很多差異。不管主政者把一九二九的教訓記住多牢，還是阻擋不了二〇〇八金融海嘯。

但要說鑑往完全無法知來，好像也不通。二〇〇八金融海嘯對世界造成的傷害遠沒一九二九那次深遠，的確要感謝各國政府迅速祭出的干預手段：量化寬鬆、紓困、撙節等等。若非記取「大蕭條」教訓，各國可能就會重蹈保護主義覆轍，把需求打趴在地。

所以，鑑往到底可不可以知來？彼得・提爾顯然認為可以，二〇一四年九月他上社交新聞網站 Reddit 回答網友提問，其中有一問題：「你最愛讀那些書？」他的答案雖然不是歷史書，卻比歷史書更考驗讀者的歷史素養：「我最愛讀古人寫的有關未來的書。」

他一口氣舉出好幾本，最有名就是諾曼・安吉爾（Norman Angell）《大幻影》。此書有名是因為預言錯得離譜，一九〇九年出版時暢銷歐美多國，斬釘截鐵說歐洲已經濟一體化，列強再不可能開戰，結果書才出版五年，第一次世界大戰就爆發了。

這樣的書如今只能在二手書店買到，彼得・提爾卻覺得大有啟發。身為世界最頂尖的科技投資者，他藉由研究過往第一流腦袋如何預測錯誤，來精進自己的預測能力，可說再合理不過。他讀這種書，想知道的不是預言內容，而是當年作者為何預言錯誤，大眾又為何錯信，後來是哪些因素把預言變笑話，這些因素到底是真的不可預見，還是人們短視而沒預見。要回答這些問題，彼得．提爾必須熟知此書的時代背景，掌握當時歷史走勢的各種脈絡，才能判知哪些事件是必然，哪些則純屬偶然。

可以說，彼得．提爾追求的這種「鑑往知來」，需要的已經不只是歷史知識，還需要複雜思考，必須不停發問。

其實，英文「history」語源「historein」在希臘文的本意就是發問。西方歷史之父希羅多德將作品取名「發問」，此字才轉借為歷史之義。漢字「史」的象形則是「手」結合「中」，「手」代表拿筆，「中」是仲裁，意即史官就是拿筆的仲裁者。既然是仲裁，就要看過所有證據，推想各種可能，問過一堆問題。

這麼說來，在中國與西方，歷史的原始意義其實很近似，都是一門探問推理之學。但在今天的台灣，除非歷史研究者，恐怕很少人想到歷史會想到探問推理。對一般人來說，歷史只是考前必須背的一串年代、人名、事件。這些都是不變的客觀事實，變的只是考試範圍。因此，二〇一五年七月，高中生集結教育部前「反黑箱課綱微調」，當教育部長回應以「爭議處不列入考試」，許多人就認為抗爭該適可而止了。

其實，如果只有客觀事實的記載，哪年九一八事變，哪年二二八，這並不叫歷史，而叫年表。年表是記誦之學，是google即有的資料。歷史卻必須有分析，有解釋，有提問與探討。台灣自有義務教育以來，歷史課從來就不重視分析、解釋、提問、探討，才會誤以為課綱之爭是藍綠之爭，是考試範圍之爭。

重視提問與探討的歷史教育，學生是應該問很多問題的，包括老師沒辦法回答的問題。講到一九四九年國府遷台，就該問：為什麼遷台灣？怎不像二戰一樣遷都重慶？老師可以回答：沒錯，國府在四九年，是先遷到重慶，再遷到成都，成都也守不住了，才遷來台北。

再來的問題：為什麼國府守不住四川，卻能守住台灣？就算學生不問，老師也應該問，先讓學生推敲有哪些可能，再提供學者的說法。

歷史不是這樣教，就少掉培養提問力的大好機會。不鼓勵問問題，就沒有主題探索式的作業，「國府守住台灣的幾大關鍵因素」之類的。然而，專題作業在美國卻很常見。反映在競爭力上面，就是台灣學生普遍缺乏資訊搜集能力。

現在年輕人出國留學、渡假打工，都花錢請代辦業者。明明資料在網上都查得到，有問題也可寫電子郵件，幹嘛請代辦業者？只能說年輕人對自己的資料搜集能力很沒信心。

歷史課沒教提問力，其他科目也許可以補救，脈絡思考卻只有歷史課能教。同一事件放不同的脈絡來思考，會產生不同意義。

且以南京大屠殺為例：這事件不管死十萬人還是三十萬人，光看歐美人士證詞，就知日軍暴行令人髮指。若放在日本歷史來看，也可看出日本史上雖然戰事頻仍，卻無類似暴行，可見日本並不把中國人當人，更欠中國一個道歉。

但是，放在中國歷史來看，意義就不一樣了。南京大屠殺別說在中國史上並不奇特，連在南京亦不奇特。更早七十三年的一八六四，湘軍攻陷南京，終結太平天國，就屠殺起碼三十萬人。據曾國藩上奏表功，當時「秦淮長河，屍首如麻」。同時期左宗棠鎮壓陝甘回變，也經常不分老幼、舉城皆屠，殘忍程度不輸一九三七年的日軍。

舉城皆屠的戰爭暴行，歐洲在上古、中古時期也很常見，最後一次卻是一〇九九年十字軍攻進耶路撒冷。問題來了：為什麼歐洲十二世紀後就絕跡的暴行，東方卻延續到二十世紀？如果不看「屠城作為一種戰術」這條脈絡，就問不出這種問題。

脈絡思考能力不足，就容易盲人摸象。複雜問題背後往往牽扯多條脈絡。以低薪現象為例：經濟陷入中等收入陷阱是一條脈絡，中國崛起、全球化、機器取代人力則是其他三條。每一條都考量，解決方案才可能周延。

另一個台灣歷史教育忽視的，是理解他者。所有的族群史都是追求尊嚴的歷史。甲族群的光榮往往是乙族群的羞辱。課綱用語應以中立為原則，意思就是別在族群榮辱上有偏袒。學者反對課綱使用「光復」字眼，正是這個道理。

有助於理解他者的歷史教育，應該要訓練學生從不同觀點來看同一件事。馬關條約對中國來說是喪權辱國，因為割讓台灣。但它對日本來說也喪權辱國，因為俄、德、法三國干涉，日本拿不到它最想要的遼東半島。這裡如果不解釋「優勝劣敗」觀念對當時地緣政治的影響，學生就沒法理解日本為何走上向外擴張的路。

另一個被歷史教育忽視的，是台灣與世界的連結。有教哥倫布發現新大陸，卻沒教「哥倫布大交換」為台灣帶來了番薯、花生還有梅毒。有教羅馬帝國奉基督教為國教，卻沒教我們的一週七天、一夫一妻制都來自基督教。沒辦法透過歷史去連結世界，就會對國際新聞興趣缺缺，也大大影響我們走出去的能力。

司馬遷〈報任少卿書〉說他寫《史記》，是為了「究天人之際，通古今之變」。這裡「天」指命定，也就是地理、歷史或文化等各種決定論，「人」則指偉人史觀、英雄史觀。「通古今之變」的意思是他想搞懂歷史變化背後有無法則。但更有意思是下一句：「成一家之言。」這五字代表司馬遷理解，《史記》不管何等偉大，也只是「一家之言」。他理解歷史是一場不斷翻新的對話。

正因歷史解讀不斷翻新，因此鑑往知來的「鑑」，鏡子，不應該是同一面，而應隨時更迭。每換一面鏡子，鑑往知來的「知」，即未來展望，也會跟著更迭。

也就是說，歷史雖然不見得可以預測未來，但是它所訓練的複雜思考，卻有助於想像未來的各種可能變局。因此，只要有興趣探索未來，歷史就是一門值得終身學習的學問。

文組無用論

台灣網上流行「戰文組」，作者都是理工科年輕人，寫文章批評文組無用。仔細看，所謂「文組」並不限於文史哲，也包含社會學、政治學等運用到統計分析的社會科學，卻不包含同屬社會科學的經濟學與法律學。簡單說，「文組」就是指學程並非圍繞單一專業，念完也無法考任何證照的那種科系。

當然有人反駁。一種說法是大學不該是職業訓練所。言下之意，文組畢業生也許求職困難，身上卻有無關職能的東西，文化素養之類。

這說法不通。大學的最重要功能是探討高深知識，當然不是職業訓練所。但這幾年高等教育擴張，最大驅動力正是經濟。是生產活動越來越需要高深知識，才有更多人需要上大學。因此大學教育雖不等於職業訓練，卻不表示大學可以完全不必為學生職能負責。

如果學生本人認為學習並非為了經濟自主，那他就必須回答一個問題：「那你要怎麼得到經濟自主？」快樂並不需要財富，卻絕對需要經濟自主，不然連尊嚴都成問題。一九七六年歌劇《海灘上的愛因斯坦》首演時，作曲家葛拉斯還在開計程車，那是他為經濟自主負責的方式。

還有一種說法，是社會永遠需要人文社科。這話沒錯，社會永遠需要一批人文社科人才，他們研究、教學、思考、辯論，眼前好像無功無利，卻可提升國民整體的自省能力，創造我們時代的學術資產。納稅人應該供養他們，這點沒問題。問題是這種人才的養成，除了學子本身願意投入心力時間，還要有天賦。歷史系每年那麼多畢業生，絕大多數卻沒這種天賦。這種畢業生還是需要靠歷史研究以外的職能，為自己的經濟自主負責。

有人揶揄台灣只會做代工，是文化弱國，才看輕文組。這話亦不通。美國、日本都不做代工，最會創新，是文化輸出國，近年政府亦大砍人文社科經費。說穿了，台灣「戰文組」現象並不奇特，它其實是全球性「人文危機」的一環。

人文危機的真正原因，說穿了，就是大學教育已經普及。在只有三成年輕人念大學的時代，不管你是念商還是念文史哲，都是知識菁英。外文系不做英文老師，也可進貿易公司。但如今相關科系畢業生多了，多益分數也不輸外文系，貿易公司怎還會用外文系畢業生？

這就要說到諾貝爾獎經濟學家麥克·史賓賽（Michael Spence）一九七三年提出的「就業市場信號」理論。企業想要最有生產力的員工，但履歷表看不出生產力高低，只有相關「信號」。依這種理論，文組畢業生求職困難，正是履歷表顯現錯誤信號。

問題來了：很多跟企劃、銷售、溝通相關的工作，在大學並沒對應科系。這種職缺照理說不該歧視文組。如果文組學歷依然成了錯誤信號，就只有一種可能，就是過往畢業生表現不佳，帶衰學弟學妹。

如果文組畢業生進職場真的表現不佳，就是學程有問題了。明顯問題是科系越分越細，授課內容越來越專，對其他學科是優點，對文組卻是缺點。

以台大為例，一九四五年有二十二系，如今已增加為五十四系。背後原因是知識爆炸，還有產業變複雜。本來只有電機系，後來有了電腦產業，七七年就從電機系分出資工系。後來企業界需要更多電腦運用人才，九一年又成立資訊管理系。

同樣邏輯運用在文組卻可能限制學生出路。一如前述，絕大部份的歷史系畢業生都不會變成歷史學家。如果將來不能憑專才與人競爭，大學何不為他指點一條變成通才的路？只要求他們吸收本科內的高深知識，反而限制視野，有礙他們變通才。

一種做法是減少文組的必修學分，鼓勵跨系選修。另一種做法是另外設計通識教育。如今通識教育通常指人文素養，但文組本科就是人文，通識教育就應該是工商科技素養才對。

亞里斯多德《政治學》有個文組被取笑的故事，結局卻很勵志。主角是西方「哲學之父」泰勒斯（Thales），成天做學問，安於窮苦度日，大家就取笑他學問一無是處。他就憑氣候觀察，預測橄欖將大豐收，預先用低價把所有榨具買下。果然產季一到榨具奇缺，偏偏橄欖不快榨油又會馬上壞掉，大家只好出高價向他租。泰勒斯因此證明，只是沒興趣而已，不然賺錢對他很容易。

今之泰勒斯有矽谷創投奇才彼德．提爾，他在史丹福主修哲學，深受老師吉哈爾（Rene Girard）影響。吉哈爾認為，人類有模仿本能，喜歡有樣學樣，才會人比人氣死人，才會有衝突。提爾《從0到1》寫的正是他如何把這種洞見轉化為獨特的投資理念。

提爾是哲學高材生，一定老早讀透許多「天書」，康德三大批判之類。連康德巨著都讀得懂，別人心目中的商業難題對他來說一定很容易。所以他擅長投資並不奇怪。

也不只哲學系，其實所有人文社科都有「天書」，好好讀都提供絕佳思考訓練，不只做學問有用，進職場也超有用，只是看文組畢業生怎麼活用而已。因此文組最重要還是不要故步自封。寫程式或財會原理都很容易，趁年輕學都來得及，缺人才的企業一直都很多。文組又如何？路還是無限寬廣。

什麼是國際觀？

台灣以外的華語使用圈很少聽到「國際觀」三字，台灣人卻經常把「我們太缺乏國際觀」掛嘴邊。事實上，我們對這三字太習以為常，往往忘了「國際觀」一詞流行，其實還不到十五年。也就是說，直到二十一世紀初，台灣還沒有這種焦慮。

在二十世紀末，報章雜誌也不是沒有「國際觀」一詞，用法卻與今日迥異。當時，這三個字最常用來指涉領導者的條件。例如：一九九八年馬英九擊敗陳水扁當選台北市長，兩千年總統大選李登輝欽點連戰而非宋楚瑜，原因就是馬英九與連戰「較有國際觀」。當時這三個字主要是跟留學經驗、英文流利連在一起。針對大學生，社會賢達頂多是勉勵他們要加強國際觀，並沒苛責他們沒國際觀。

看今天的中老年人罵大學生沒國際觀，你會以為他們當年都很有國際觀。我的記憶卻不是如此。八十年代以前的大學生較喜歡出國留學是真的，有國際觀卻未必。

解嚴前的台灣，資訊很封閉。在七十年代，我家有訂《TIME》雜誌，只要當期有政府不喜歡的內容（例如美麗島大審），就會收不到雜誌。當年政府是巴不得人民沒國際觀的。經濟雖然靠出口，商業環境卻很封閉，人民無法申購海外基金，亦不能自由買賣外匯，所以當年媒體不像今日，顯著報導美元升息降息的新聞。當時很多銀樓兼營地下錢莊，幫人匯錢去海外。

當年報紙只有三大張，國際版往往只佔半版，閱聽大眾能接收多少國際知識？不像今日，隨時可上網讀到《紐約時報》、《衛報》。今日哪一位歐美學術大師過世，訊息馬上透過網媒、社群網站在台灣分享開來。若在二十年前，可能大學教授也要數月後才後知後覺，管道可能只有圖書館訂閱的學術期刊。

台灣冒出缺乏國際觀的焦慮，轉捩點是二〇〇四、〇五年，關鍵是幾篇文章。第一篇是李家同二〇〇四年二月發表在《聯合報》的〈大學生知多少〉一文，文中說他給大學生做過測驗，大學生竟然回答阿拉法特是軍艦，戴高樂是積木。作者大大感嘆大學生不閱讀國際新聞，也不關心國際大事。

再來是同年十一月的《天下》雜誌教育專刊，封面是〈孩子我要你比我更國際化〉，有項調查發現，像聯合國總部在紐約、諾貝爾獎頒獎典禮在斯德哥爾摩這種簡單常識，都有八成民眾不知。

同一調查也發現，六成民眾不知剛舉辦過奧運的雅典位於哪一洲。這一點引出下一篇文章〈請問雅典在哪裡〉，作者是龍應台，發表在〇五年三月的《中國時報》。作者雖然指出台灣的知識封閉是國民黨種下的因，卻認定狀況遲遲沒改善是民進黨上台後「台灣意識主導一切」。

下一篇是龍應台文章引來的迴響，洪蘭〈洞口的原始人〉一文，發表在〇五年四月的《中國時報》。此文亦譴責「許多人都只知道台灣本土」，年輕人不像瑞士學生那樣，對非洲饑饉、南非種族隔離都能侃侃而談。

從此，「缺乏國際觀」變成島內的普遍焦慮，「國際觀」三字大大流行起來。

說文解字

以上文章有個共通點，都是以「足夠的國際知識」來定義國際觀。然而「觀」字通常卻不是知識的意思。「觀」應該是指觀點、視角，而且牽涉到取捨。「唯心史觀」或「唯物史觀」是因果脈絡解釋的史料取捨。人生觀常是指物質與精神之間的取捨。如果國際觀的「觀」是這意思，應該是一種視角取捨才對。

視角取捨絕對需要知識，二者並非無關。問題是，國際知識何等浩瀚，不可能有人包山包海。你可能熟讀諾貝爾文學獎得主作品，但就是講不出頒獎地點，這樣就是沒國際觀嗎？李家同文章發表在二〇〇四年，阿拉法特起碼十年不是國際要角了。這十年中東新聞最常出現的是賓拉登、蓋達組織、伊拉克狂人海珊，李家同憑什麼認定不知道阿拉法特就是沒國際觀？

戴高樂是一九六九年下台，以李家同的年紀當然知道。但二〇〇四年的法國總統已經是席哈克，為什麼題目不問席哈克？當然，戴高樂的歷史地位比較重要。但這已經是歐洲現代史了。如果戴高樂算常識，那麼德國總理柯爾算不算？他促成東西德統一與歐盟一體化，誰敢說他沒戴高樂重要？還有武元甲呢？他曾帶領落後國家（越南）軍隊先後打敗法美兩強，這也是世界級的偉大成就。如果柯爾與武元甲也算國際觀必備常識，那大學生到底需要知道多少？在搜尋引擎的時代，大學生是否需要記住這些，也值得商榷。

但是，上述文章頂多也只是把知識貧乏當作缺乏國際觀的徵候，並不是把國際觀等同國際知識。解釋為何要有國際觀，也都說台灣不可能孤立於世界。

如果目的是避免孤立，國際觀就應該指向連結國際的能力。但要連結國際，死的知識是沒用的。例如李家同測驗題中的戴高樂，光知道他曾是法國總統，何助於台灣連結國際？頂多就是跟法國人交往，對方提到戴高樂，你不會眼神一空而已。但大多數台灣人一輩子都不會跟法國人交往。

其實，只要對台灣憲政有興趣，知道戴高樂還是有幫助的，因為我們目前實施的雙首長制，正是借自法國第五共和，而戴高樂正是第五共和之父。如果我們想要討論雙首長制的優缺點，就應該研究戴高樂當年為何要捨內閣制與總統制，推出雙首長制。知道這一點，戴高樂就是有助台灣與國際連結的知識，不再是死知識。

洪蘭〈洞口的原始人〉有舉一例：老闆想去美國聖地牙哥，代理秘書卻買成智利首都聖地牙哥的飛機票。老闆罵道：「沒有世界觀也還罷了，（略）還只會強辯，說你沒告訴是哪一個聖地牙哥！」這番話是對洪蘭講的，洪蘭顯然認為老闆沒錯，所以拿來當年輕人缺乏國際觀的例子。

我卻認為洪蘭舉例很奇怪。既然秘書是代理，可見不熟悉公司業務是應該的，她為什麼要認定老闆要去的一定是美國，不是智利？老闆如果國際知識豐富，應該早知道智利也有聖地牙哥，為何不特別聲明他是要去美國的聖地牙哥？他沒聲明，表示他沒想到智利亦有聖地牙哥，這樣跟秘書沒想到美國不是半斤八兩？老闆有何資格罵秘書沒國際觀？

洪蘭舉例還有個問題：她博士學位就是在美國聖地牙哥拿的，有特殊地緣關係。這樣，她拿它當國際觀檢測標準，就有點瓜田李下。

台灣亦有聖地牙哥

其實，國際知識的用處不該限於幫老闆買飛機票。拿聖地牙哥為例，這地名正好可以把台灣連結國際。台灣人只要搭台鐵轉客運，亦可抵達聖地牙哥。當然，我指的是新北市貢寮區的三貂角，地名起始正是Santiago，西班牙文的聖雅各。

聖雅各（英文的聖詹姆斯）雖是西班牙的護國聖，卻不是西班牙人。他出現在

《聖經．新約》，本是加利利海漁夫，在《馬太福音》第四章第二十二節成為耶穌門徒，在《使徒行傳》第十二章殉教被殺，一輩子沒離開今天的以色列。但在死後八百年，西班牙北方卻盛傳找到他聖骨，並冒出一種傳說，描述他當年遭斬，有艘石船載其骸骨西渡地中海，來到西班牙。如今供奉聖骨的教堂就是今日歐洲最知名朝聖之旅的終點。

聖雅各信仰初萌之際，伊比利半島南端已陷入穆斯林統治。基督徒拿起武器反抗異教徒，據說聖雅各曾在多場戰役顯靈，信仰因此擴散，成為西班牙護國聖。十六世紀西班牙進入航海時代，子弟碰見需要命名的無名之地，就冠以護國聖之名。智利首都取名是一五四一，美國加州大城是一五四三，台灣島最東端則是一六二六。全世界目前有一百多處聖地牙哥。

當台灣全無國際連結

取名需要權力。一百多處聖地牙哥，絕大多數都位於西班牙人統治或屯墾過的地區。菲律賓就不只一處聖地牙哥，其中有一城市中譯為仙朝娥市。台灣會有聖地牙哥，是因為西班牙人曾在北部短暫建立據點。

但是，排除菲律賓，台灣周邊就沒別的聖地牙哥了。為什麼沒有？

當時，印尼貿易已歸荷蘭旗下，麻六甲已被葡萄牙占去，這兩地沒有聖地牙哥並不奇怪。但是越南、琉球、海南島、日本也沒有，就要解釋西班牙當年為何不想去建立據點。教科書說法是西班牙人選台灣，是因為台灣地理位置絕佳，是絕佳轉口站。但不出十六年，西班牙人就被荷蘭趕走了，怎不移轉去琉球或海南島？

教科書沒寫的，是琉球與海南島發展都比較先進，西班牙根本沒能力像來台灣一樣，派個兩三百人就建立據點。三貂角（聖地牙哥）這地名告訴我們的，不只是台灣的地理位置在海權時代突然有了前所未有的重要性，還有台灣在四百年前發展程度落後周邊一大截。

教科書有寫的，是台灣史前時期與歷史時期以一六二四年為分野，那年荷蘭人占領南台灣。教科書卻沒寫，台灣遲至一六二四才進入歷史時期，在亞洲是大例外。琉球進入歷史時期比台灣早五百年，菲律賓比台灣早七百年，日本則早了一千一百年（飛鳥時代），爪哇又比日本早一百年（五世紀達魯馬王國），韓國雖然說法不一，說法最晚一種是四世紀，越南則早在西元前三世紀就進入歷史時期（趙朝）。

通常，歷史學家以書寫出現來定義史前時期結束。爪哇與菲律賓出現書寫是因為印度教傳入，日本、韓國、琉球則是佛教傳入。越南則是移民南下。只有台灣，要等到荷蘭人來，才終於出現書寫（新港文書）。

印度離台灣太遠，印度教沒來還算容易理解。但佛教就在海峽對岸，沒來台灣就較難理解了。中國改朝換代那麼多次，每次都死那麼多人，為什麼要等到一九四九那次才有移民大舉遷台？要解釋台灣為何要到十七世紀才出現書寫，就該回答這些問題。目前尚無解答。

我們只知，書寫不只是歷史紀錄而已，也是管理工具。沒書寫雖然也可以結盟、開戰、停戰，卻有礙締約、詳列條件、傳達命令、制定法律。新港文書會出現，就是為了簽訂買賣合同。因此沒有書寫，經濟活動就相對簡單，國家權力也不好伸張。

台灣最早書寫是ＡＢＣ而不是漢字，也讓我們想問：史前台灣人為何從不向華夏文明學習？難道海峽兩岸千百年不通音訊？

台灣這邊沒有文獻，考古跡證亦不足，我們只能倚賴中國史書。依據《隋書．東夷列傳》，西元六〇九年隋煬帝曾派軍過來，殺人放火：「擄其男女數千人，載軍實而還，自爾遂絕。」不只雙方武力懸殊，隋軍船艦想必相當龐大，才有辦法載回數千戰俘。那次與強權的接觸，對台灣人應該相當震撼。

震撼後有沒力圖振作？還是想說算了，反正渡海屠殺這種事也只發生過一次。其他時候，台灣人還是自覺生活美好，甚至自覺很有尊嚴。台灣人千百年都沒向天朝納貢，在東亞是大例外。

明朝儒生陳第在一六〇三年的《東番記》中記載鄭和下西洋時，諸國都爭先恐後向鄭和獻寶，唯有台灣不理不睬，讓鄭和很生氣。這段真偽至今成謎。但鄭和去過那麼多國家，連東非都去了，有沒來台灣為何至今未有定論？只能說，不管鄭和有來沒來，台灣都錯過一次透過交流而提升發展的機會。

但是，提升了又怎樣？也許會早點出現書寫，也許會出現統一全島的王國，但生活水平卻不見得比較高。今日全世界平均身高最高的國家就是荷蘭。但是荷蘭人來台灣時，卻觀察到台灣人身高比他們還高半顆頭。可見台灣人當時營養比歐洲人好。

從荷蘭人留下的文獻，當年台灣是鹿羌遍野，海邊隨手一撈就貝美魚肥，居民無需勞碌，也無需你爭我奪，就享受到大自然豐厚的供養。這種世外桃源，台灣人當然有資格不稀罕華夏文明。

隋煬帝派軍攻台的記憶已遠，而且沒再發生。那次看來是歷史的反常，動機可能是挖運河缺人力。反正大國也不再來打擾，台灣幹嘛對海外感到好奇？

這一切，都在歐人東來後劃下句點。

本土即國際

歐洲人來之後，亞洲諸國都經歷了歷史斷裂，例如鴉片戰爭、明治維新。但跟周邊比起來，台灣經歷的斷裂還是最大。印尼、菲律賓、中南半島雖然都淪為殖民地，語言、歷史的保存卻比台灣好太多。今天，我們甚至沒資格說自己與四百年前台灣人是「同文同種」。本來無書寫，當然不能「同文」。在漢人移民潮後，原本的台灣人基因已經稀釋再稀釋，只占我們身上基因的一小部分（原住民例外），所以不能說「同種」。至於四百年前的台灣語，如今不是消失就是瀕危。

今日我們認定的「本土」，本來也不本土。你以為水牛很本土，水牛卻是荷蘭人從印度引進。我們稱本省人「番薯」，稱外省人「芋仔」。事實正相反，芋頭其實最本土，番薯才是外來。荷蘭人來之前，台灣人的主食正是芋頭。最有資格自稱「番薯」的應該是美洲原住民。番薯是「哥倫布大交換」的物種，是哥倫布發現新大陸後才散布到亞洲。花生也來自美洲。芒果來自斯里蘭卡。甘蔗最早產地是印度，先傳到華南，荷蘭人再引進台灣。

許多西方事物則是日本人引進，包括西服、洋樓、西式學制（小學六年、中學六年、大學四年）。連時間觀念，像一週七天，一天二十四小時，源頭雖是西洋，也是日治時代才在台灣推行。我不知道史前台灣如何標誌時間，但我確定清治台灣用的是天干地支。

許多人批評台灣人沒有國際觀，都歸咎於本土化。但是台灣九成以上的「本土」卻都來自國際，台灣史本來就是國際連結的歷史。必須回到史前，我們才能找到不與國際連結的台灣。因此關心本土，就是關心怎麼繼續連結國際。

何謂連結國際？

如果，國際觀的目的是為了連結國際，「觀」字就應該是一種視角的選擇：我是台灣人，也是世界人，隨時有能力用宏觀的眼光看世界。

楚浮一九六〇年電影《槍殺鋼琴師》有句對白，是目光如豆的絕好範例。那是男主角的妻子罵他的話：「人家問你對海明威的看法，你只講得出海明威聽過你演奏。」如果美國總統換人做，我們的好奇心僅止於台美關係是否生變，眼光就很像電影中這位鋼琴師。

台灣畢竟在很多國際組織都沒發言權。因此用宏觀的眼光看世界，有時只是涵養心胸而已，不見得有立即利益。但是，心胸足夠開闊之後，我們還是可以少犯以下錯誤：

一、我們有好東西，自己卻不知道。

舉例：若沒一九九六年奧運百年宣導片《Bringing the World Together》，我們根本不知阿美族耆老里望（漢名郭英男）唱的〈歡樂飲酒歌〉是世界級音樂瑰寶。導演以為配樂是德國樂團Enigma暢銷單曲〈Return to Innocence〉，樂團製作人則不知他使用的歌聲是誰，版權在哪。事後大家都很想幫里望討公道。但事實是，他一輩子都在台灣唱歌，根本沒人找他出專輯。如果不是法國人幫他錄音，又被奧運拿去用，台灣人埋沒天才還不自知。

二、我們有壞東西，自己也不知道。

舉例：漢人來台灣，把纏足習慣帶過來，長達百年都不知是虐童，還以為是為了女孩好。後來是日本官員嚴禁，惡習才改。

現代的例子：我們本來以為孩子厭學是天經地義，TIMSS國際評比卻告訴我們，台灣國中生的數理能力雖然名列前茅，學習興趣卻敬陪末座。所以我們一定有做錯什麼，才讓孩子特別厭學。

三、我們只看到別人好，自己壞，卻沒想到這種壞是一種必經過程。

最好例子是民主化剛開始，媒體經常對「台式民主」充滿輕蔑，言下之意是「橘越淮為枳」，西方的東西不見得適合台灣。事實上，所有民主國家都發生過國會打架，十九世紀美國打更兇。日本國會沒打過架，是因為派閥分贓太厲害。台灣發生過的民主亂象，以世界眼光來看都很普通，是所有民主國家都需要經歷的學習過程。

四、我們有一樣好東西，很好沒錯，問題是這東西不只我們有，別人也有，因此沒什麼好沾沾自喜。

從前台灣人並不覺得自己很友善，後來開放陸客來台旅遊，常聽到陸客稱讚台灣人友善，突然我們就自覺很友善了。其實台灣人到底友不友善，要看你跟哪一國比。如果拿中國、香港、新加坡來比，比較基準太低了。這些社會要不就缺乏社會安全網，要不就族裔組成複雜，要不就經濟高速發展，競爭你死我活，因此很難對人友善。跟這些地方比，台灣當然顯得特別友善。但世界上對人友善的國家很多，有人覺得拉丁美洲很友善，有人覺得德國很友善。連俄羅斯這種兇殺兼酗酒大國，我也聽過觀光客稱讚他們友善。計程車司機拾金不昧、路人主動幫忙找路，這種事在許多國家都很尋常，台灣沒必要沾沾自喜。

五、我們有一樣好東西，好是好，但不是最好，因為外國可能更好，可惜我們不知道，因此錯失讓自己更好的機會。

我們都覺得全民健保很棒，但很多國家都有全民健保，為什麼他們沒醫護過勞，人均壽命也比我們高？可見台灣健保還有改善空間，應該再多參照外國經驗。

六、我們只看到外國的好，但沒看到它背後的歷史條件或發展代價，以為只要把制度搬過來，我們就可以進步。結果卻可能畫虎不成反類犬。

最近例子就是發展研究型大學，教育部以論文點數當做大學教師升等依據，搞得論文浮濫掛名，學者搶快發表成果而造假猖獗。其實，歐美也不是每所大學都是研究型大學。牛津、哈佛的學術風氣也不是靠論文點數強逼出來。這些學府本來只是物以類聚，特別吸引一流學者前來，久而久之三流學者自然待不下去。有此氛圍，不求論文點數亦可學風熾烈。無此氛圍，硬要求論文點數也變成造假猖獗。

七、有時候，台灣與外國的差異並不是誰好誰不好。我們自認的不好，可能有它好的一面。外國讓我們羨慕的好，亦可能有它壞的另一面。台灣需不需要向外取經，是價值取捨的問題。

一例：我們只看到瑞典照護產業發達，女性可以不必為家庭犧牲事業，卻沒看到照護產業只付得起低薪，就業者又都是女性，所以反造成富女與貧女之間差距拉大。

另一例：我們只看到韓國音樂產業發達，量產偶像團體紅遍亞洲，卻沒看到這產業背後是狹窄的升學管道，逼得許多小孩十二、三歲就放棄學業，甘願接受經紀公司魔鬼訓練。萬一沒出道就被淘汰，或有出道卻紅不起來，這些孩子就前途黯淡了。

世界太寬廣了，因此什麼是好，什麼是不好，只要眼界不夠廣，還真無法判斷。因此國際觀真的不是國際知識，而是一種隨時眼光向外的態度。

看中國更要用世界的眼光

前文特別強調史前台灣的孤立，就是要提醒大家，台灣是一座島，生活起來很舒服，全島文化具有高度同質性，沒什麼相激相盪，因此很容易對現狀滿意。史前台灣就是如此。

眼光向外，就是要追求激盪。有時當然純是欣賞差異，不是為了比較好壞。像日本人在路上不會邊走邊吃，下雨也不穿拖鞋出門，我們欣賞歸欣賞，應該也不想模仿。但也不是外國任何優點都可讓我們模仿。像新加坡、香港都被英國殖民過，他們英文能力就不是我們可以模仿。

當然現在很多人眼光向外，都只看向中國。這就要講到現代台灣與史前台灣的不同。史前台灣如果老早就有國際觀，一定只能看向中國，可能老早就變成帝國邊疆，飽受改朝換代戰亂蹂躪。但今日，眼光投向中國還是世界，已是我們可以選擇。就算眼光看向中國，也可以選擇用世界的眼光看中國。

正因為台灣與中國有相同語言，文化傳承又高度重疊，我們若無法以世界的眼光看中國，世界觀就很可能被中國磁吸過去。因此不想要眼睛只有中國，還是應該多看世界，而不是只看本土。事實上，一如前文強調，因為歷史特殊，台灣只要追溯本土就一定會追溯到全世界。

因此，國際觀絕對不是「請問雅典在哪裡」之類的豆知識，與本土化也不互相排斥。只要你意識到，跟世界比起來，台灣真的很小；要讓台灣更好，就必須向全世界汲取知識；只要你隨時都想更進一步認識世界——這樣，應該就是有國際觀了。

第五輯

為什麼超時工作？

龜兔賽跑的教訓是勤能補拙，若是套用在學習，還算有道理。認知能力較糟的烏龜只要用功，投入較多時間，學習成效的確可能勝過兔子。但是套用在工作，這故事是否還有意義，就另當別論了。

自從有了機械，所有生產活動都一樣，決定關鍵都是技術而非投入時間，因為人腦一天可維持高效率就那幾個鐘頭。現在是知識經濟時代，更代表知識不足，是無法勤能補拙的。中國六十年代「學大寨」就是一例，提倡愚公移山精神，蠻幹硬幹，累死農民是真的，糧產卻沒增加。真正糧產三級跳的，反而是美國「綠色革命」，不講艱苦奮鬥，只著眼育苗、化肥、灌溉技術的創新。

何況，同樣都受過教育，為何有人進職場是烏龜，有人是兔子？最大原因不就是烏龜當年學習都在睡覺，兔子則都在練跑？如果烏龜進職場竟然以為自己只要不睡覺，維持原來慢吞吞步伐，只憑兔子貪睡就跑贏兔子，是在做夢！

然而，台灣企業卻特別迷信龜兔賽跑，以加長工時來提高生產力。歐洲商會就曾在二〇一三年發表的〈台灣薪資及就業展望報告〉中，將工時超長列為人才外流的主要因素。

長工時有幾點不好。如果員工天天九點才下班，怎有時間自我充實？有礙員工自我充實，就有礙企業學習新知。

何況，下班時間晚，親子一定沒時間講話，夫妻則沒力氣講話。年輕人延後結婚，小孩就生得少。高離婚率與少子化可說是當今社會兩大痼疾，追究禍首都有工時超長這個因素。

那麼，台灣工時為何會這麼長？

一大原因，是企業誤把工時長短當做熱愛工作的指標。這心態跟「學大寨」如出一轍，非常有礙創造價值。真正有心創造價值的企業，衡量員工熱不熱愛工作應該是要看發掘問題、解決問題的積極度，而不是工時長短。

在網路無所不在的時代，依然不准彈性上班，代表對員工不信任：不信任他出了公司大門還有心工作。這種不信任說穿了，就是企業缺乏自信：不相信自己提供的工作富挑戰性，足以讓員工在家沖澡時依然想著解決方案。其實，如果工作內容無聊，打卡好像也不能防止打混。怎知員工對著電腦不是在購物、看A片？

還有一種企業，以為員工待辦公室久一點，隨時叫來開會才方便。這背後有腦力激盪的迷思。許多研究都指出，人面對群體時思考會從眾，只想到別人都想到的點子，開會是激盪不了腦力的。柏克萊加大管理學教授韓森（Morten Hansen）的《合作》（Collaboration）一書就有項調查，一百八十二個團隊爭取同一個案子，花愈多時間開會的企劃品質就愈平庸，拿到案子的可能性愈低。

較佳做法，是人人在開會前都單獨思考過，會議桌上再把所有想法攤開來，截長補短。這種會議才能集思廣益。

還有一種浪費時間的會議，是該發表的意見都發表了，遲遲沒辦法散會。這往往是主事者不夠有擔當的徵兆。他無法裁決，只好把大家留下，一直辯下去。

當然，工時超長可能還有個簡單理由，就是企業想節省人事成本。如果遇缺不補是為了景氣不佳，員工應該共體時艱。如果工作量大增是突然接到大單，不增加人手也還說得過去。但如果市場大有可為，依然遇缺不補，就表示企業只想守成，早已缺乏鬥志。

在沒鬥志的企業待太久，一定會失去朝氣和銳氣。久而久之，本來沒睡午覺習慣的兔子都會變成想睡午覺，多睡幾次自然變烏龜了。

因此，工時超長的代價絕不僅是健康和生活品質，還有心態上的未老先衰，並且把公司上上下下都兔子變烏龜。

不該小覷小創業

新世代喜歡開小店、小工作室，不嚮往當企業家，在中老年菁英眼中，這代表缺乏雄心壯志，值得憂心。這憂心背後卻可能是一種迷思：台灣經濟瓶頸是因為缺乏新起大企業。

但是，人均生產力沒有提高，卻不見得是因為缺乏新起大企業。也有可能是舊有大企業太多，它們已失去銳氣，卻依然壟斷資源或通路，打壓新小企業冒出的可能。

何況，繁榮不見得需要大企業，以二〇一三年的財星五百大為例，許多人均收入最高的國家，進榜家數都比我們少（台灣六家，丹麥、挪威、奧地利都只有一家，新加坡兩家）。繁榮需要的是高就業與高產值，是透過一家大企業還是千萬小店、小公司，並沒有差別。

台灣向服務業轉型後，也冒出許多大企業，例如王品、統一超商。但這種服務業只要發展出標準化作業流程，就能快速展店。雖然提供大量就業機會，卻都是低薪。資本密集的低階服務業很發達，才智密集的高階服務業卻不成氣候，這是畢業生只能領二萬出頭的一大原因。

在國外，產值最高的服務業常是小工作室、小公司。例如好萊塢電視製作第一把交椅一三媒體（One Three Media），只有二十來人，代表作《我要活下去》（Survivor）在七十幾國播映，另一代表作《尋找接班人》（APPrentice）則把地產商川普成功改造為小市民英雄，助他後來選上美國總統。另外，台灣一度熱播的《百萬小學堂》概念亦抄襲自它旗下的《你比小五生聰明嗎》。

這家公司的靈魂人物馬克．柏奈特（Mark Burnett）喜歡親力親為，所以儘管一大堆金主捧錢上門，也不願擴充業務。

又如，葡萄酒是一種全球銷售上千億美元的產品，業界公認的領頭羊卻不是什麼大酒莊，而是一家位於美國馬里蘭州，員工只有三人的小報《酒倡議》（Wine Advocate）。全報社最珍貴資產就是發行人羅伯・派克（Robert Parker）的鼻和舌，品酒、評分他都儘量自己來，因此三十年都維持小創業格局。

台灣現在最缺的，就是類種豐富又高產值的小創業。崇拜大公司，把我們對成功的定義變太狹窄。大學要念台清交，學電機或資工，畢業就進台積電、華碩。想想看，近年都是食品安全的新聞，台灣也不缺檢驗人才，其中不就有許多小創業的利基？

因此，大家不該再以為小創業代表缺乏雄心壯志。應該擔心的，是創業類別都一窩蜂，不夠多元。創業沒有不辛苦的，事業小就必須忍受規模劣勢。但好處是可以專注，可以放膽實驗，可以嘗試大公司不敢去開闢的藍海，不必等上司層層批准。勇於開闢藍海的小創業變多，台灣對成功的定義才可能變多元。

企業家太老

企業家在台灣，如果頭髮很黑，像蔡明介（六十七歲），一看即知有染，如果臉上光滑無斑，像郭台銘（六十七歲），一定是有做過雷射。這些大老要不就像張忠謀（八十六歲），老被記者追問接班問題，要不就像施振榮（七十三歲），說好了退休卻又一度回鍋。偶爾看到年紀較輕的臉孔，例如統一羅智先、台新金吳東亮，幾乎沒例外，都有家族庇蔭。

反觀對岸產業界領頭羊，像百度李彥宏（四十九歲）、比亞迪王傳福（五十一歲）、大疆汪滔（三十七歲），都沒有富爸爸，也都正當春秋鼎盛之年。他們談論產業，言談間的朝氣與銳氣往往對照出台灣各種財經論壇的老氣橫秋。

兩岸企業家的年齡落差，部分當然是歷史使然。台灣六十年代起發展加工出口，造就出王永慶那代企業家。七十年代先進國家釋出高科技供應鏈，造就出施振榮這代。中國經濟鬆綁卻是一九九二年鄧小平南巡之後，正是李彥宏這代人剛出校門之時，他們攫住百年難得的機會，成了今天年齡五十開外的胡潤榜內富豪。

當然中國是特例。如果創業潮難以接續，不出二十年也會出現類似台灣的老化現象。台灣應該欽羨的是創業精神最旺盛的美國：各年齡層都有成功企業家，其中又以四五十歲最多：臉書祖克柏三十二歲，谷歌兩位創辦人四十三歲，亞馬遜貝索斯五十三歲，比爾・蓋茲六十一歲。

問題來了，台灣為什麼缺六十歲以下的企業家？五十歲以下更少，更不用說四十歲。年輕人總被批評企圖心不足，事實卻是中年世代，也就是所謂的四、五年級，在創業冒險這方面交出的成績已經不如前代，也輸給對岸同代人。

企業家垂垂老矣，見證台灣的創業動能已衰落一陣子，起碼二十年了，並不是最近才消失。這是高失業、低工資的很大因素。

除非你認為四十歲到六十歲這批人也是草莓族，不然這現象的最可能解釋是大環境加上資源錯置。大環境當然是台灣在勞力成本上漲，最應該產業升級時，有創業精神的青壯年都被廉價中國吸去做台商。資源錯置就是政府錯把精神花在亞太營運中心這種不實際的畫大餅。要不然就迷信過往成功，政策獨厚資本密集產業，兩兆雙星之類，把人才與資金誘引到腦袋正老化的企業家旗下，因此大大提高年輕人創業門檻。

如今中國已不廉價，對台灣創業者的磁吸效應已大不如前。有了四大慘業（面板、DRAM、太陽能與LED）的教訓，政府也再沒本錢提倡資本密集產業了。3D列印、大數據、人工智慧都有可能再次改變全球分工體系。如果年輕人把握這次機會，也許二十年後，檯面上會終於冒出一群四十開外的企業家。

企業家也要有志氣

所謂企業家，就是企業的創辦者或經營者，想必都經歷過商戰錘鍊，承擔過投資風險。事業成就就是過往雄心壯志的具體展現。因此講到沒志氣，幾乎沒人會想到企業家。

然而放眼台灣，卻到處都能看到企業家喪失雄心壯志的徵候。第一就是投資低迷，明明資金豐沛，卻都投入房地產，造成房市易漲難跌。

為什麼錢進房地產代表沒志氣？想想英業達集團會長葉國一那句話：「科技業只有毛三到四，不如房地產，土地放著日也賺，夜也賺。」這「日也賺，夜也賺」有兩個意思：一是不必吃苦，二是不必冒險。

不願吃苦也不願冒險，如果由年輕人表達出來，媒體一定大嘆年輕人真沒出息，怎麼跟對岸競爭。但這幾年覬覦「日也賺，夜也賺」而把錢投入房地產的，有鮭魚返鄉的台商，也有像葉國一這樣嫌毛利太低的科技業鉅子。為什麼沒看過媒體為企業家志氣感到憂心？

科技業從前毛利很容易超過二成，如今只剩毛三毛四，企業家如果有志氣，就應該想辦法突破瓶頸才對。歷史上的統治者想突破瓶頸，哪個不是從延攬人才開始？然而台灣企業家缺乏志氣的第二徵候，就是對爭取人才一點都不著急。

美國科技業爭取人才，一種方式是爭著贊助賓州大學PennAPPs這類的「駭客松」（hackathon，程式設計馬拉松），提供豐厚獎金獎品，並從得獎作品尋覓未來人才。許多大學生就是參加「駭客松」（美國一年多達千場）獲得暑假去谷歌、臉書、微軟實習的機會。他們都可以實際參與產品設計，月薪高達五千六百美金，在台灣是經理級的待遇。

蘋果還會在實習結束時，舉辦一場競賽iContest，參賽者可輪流上台，面對台下眾主管，演繹一種產品創意。第一名可獲五百美金和一個無線隨身碟。沒機會去實習的年輕人，聽到蘋果如此看重人才，一定也會努力增強實力，想辦法把自己變成蘋果想要的人才。

然而台灣企業卻沒給類似誘因，刺激年輕人去增強實力。只會怪年輕人沒狼性，自己卻不學三星在人才打造上面的狼性：年年派人去英美頂尖院校覓才，並贊助員工出國進修。

怪年輕人沒志氣的人應該想想：有人的志氣是天生的，例如陳涉一邊種田一邊感嘆「燕雀安知鴻鵠之志」，這種人卻絕少。大多數人要有志氣，都需要眼界，需要因緣際會。如果沒發生獨立革命，喬治・華盛頓日記每頁記的都是育苗、收成、晴雨，生平志向僅止於務農致富而已。看他當時日記，怎能想像這人有一天會成為世界超強的開國總統？

是企業家的消極，限制了年輕人的眼界。因此，年輕人缺乏志氣只是果，企業家失去雄心壯志才是因。企業家如果想跟年輕人談志氣，應該先承認這一點。

企業家要有國際觀

中國企業跨國併購，這種新聞如今是既頻繁，又遍及所有產業。

有時，這種新聞並不如表面風光。許多後來都沒成交。研究機構Rhodium統計，二〇一六年這類併購案胎死腹中的總值竟然高達七百五十億美元。有時是外國政府不願自家產業落入中企手裡。例如清華紫光宣布要併購DRAM大廠美光（Micron），馬上引來美國參議員關切。川普政府否決一家矽谷私募買下萊迪斯半導體（Lattice），也因為私募金主是中國國家級創投。

但有些案子則是中國政府擋掉，原因是懷疑權貴家族藉併購名義資金外逃。二〇一六年的顯例是安邦保險併購喜達屋（Starwood）破局，就是中國監管機構從中作梗。喜達屋是知名旅館品牌喜來登與威斯汀的擁有者，安邦董事長兼總經理則是鄧小平孫女婿。

不過，真心為了企業未來發展而進行的海外併購也不少。資訊硬體業有聯想，先在二〇〇五年買下ＩＢＭ個人電腦部門，一四年又從谷歌手中收購摩托羅拉智慧手機。機械業有三一重工買下德國巨頭普茨邁斯特。食品業有雙匯買下世界最大豬肉供應商史密斯菲爾德。汽車業則有吉利買下瑞典名廠富豪。

併購最明顯的好處是買到先進技術。中國工資正節節上漲，外資願轉讓的技術也差不多轉讓完了。中企若想升級，又不想曠日廢時搞研發，併購可說是好方法。

併購另一好處，是取得品牌與通路。聯想若沒買ＩＢＭ，要在海外取得今天的市占率，恐怕要多花很多年。

問題來了：中國市場那麼大，成長那麼快，企業尚知要放眼全球。小小台灣講全球布局也講二十年了，為什麼一直迷信「台灣接單，中國生產」？

有人會說：併購畢竟是險棋，聯想併購IBM雖僥倖成功，併購摩托羅拉三年後還不是很辛苦？台灣企業習慣穩紮穩打，寧願靠自己升級。

我不同意。台灣企業多年來沒辦法升級，總說是缺人才。若不願學聯想「蛇吞象」，也可去海外設研發中心。像創新人才最多的以色列，就有英特爾、谷歌、微軟的研發中心，三星亦有派人長駐，台灣怎沒去呢？

有人會說：中企在歐美大肆併購，是為了配合大國崛起主旋律。這點我亦不同意。北京樂意自家企業布局全球，就好比我們都指望企業別被鎖進中國一樣。但企業要開疆闢土還是被鎖進中國，到頭來看的還是企業自身。何況，看房價就知道，台灣一點都不缺資金。

看看比台灣還小的香港，港商就不會眼中只有中國。我們商業生活可說處處有港商影子。頂好超市是港商，屈臣氏是港商，財經雜誌《商業周刊》背後老闆也是。整個亞洲，甚至歐美，都可看到港商進駐。港商憑的就是本能，跟大國崛起無關。

有的品牌不是港商，代理權卻在港商手裡。例如可口可樂，不只台北、上海喝的是太古集團生產銷售，舊金山喝的也是。香港的行銷、經營人才因此有了莫大發揮空間。

台商還在指望北京讓利，為何李嘉誠卻敢「資產七連拋」？原因不外他老早是歐洲電信鉅子，港口、能源業務也遍及全球，一點都不依賴中國。被質疑脫亞入歐，只要回一句「有買有賣很正常」即可。

他近年創造的就業機會雖以歐美為主，但香港總部勢必要養一批頂尖的財務、法務團隊，人才晉用也必須重視國際視野。

反觀台灣，具國際視野的人才有多少用武之地？要探討台灣人為什麼缺國際觀，媒體為什麼缺國際新聞，企業家眼中只有中國，這點恐怕也難辭其咎。

機器一定取代人力？

大數據、物聯網、自主導航、雲端教室、無人化生產，據說每一個都可能打擊就業，因為大量人力會被科技取代。

最好例子就是自主導航：不出二十年，地上天上許多交通工具都會變成無人駕駛，許多司機、快遞、飛行員的核心技術搞不好會無用武之地。

社會代價如此高昂，何不立法加以阻擋？直接答案，是可預見的生活便利實在太大，根本擋不了。自主導航將大大提升道路行車安全。如今砂石車經常釀禍，一大原因是司機有視覺死角。改成自主導航，車身八方都裝感應器，未來砂石車就不會撞到人了。

谷歌無人車之父特倫（Sebastian Thrun）主張，自主導航的好處並不只是安全。他認為，未來的自主導航車會非常平穩，人不必開車，多出來的時間可用來處理公務。而且，一般車主的真正用車時間都很少，等於城市中隨時有很多空車。將來如果一個APP就可隨時招來空車，大眾的買車意願將會大減，幫城市節省許多停車空間。

這是新科技的兩面刃。雲端教室可能造成老師失業，卻可以消弭教育的城鄉差距，也可解決大學學費節節高漲的問題。工作流程無人化，想必也會有人失業，卻可解決超商店員手忙腳亂的問題。想想，將來貨物上架、下架、刷條碼都有機器人代勞，超商店員工作量就會減輕。有了自由進出火場的機器人，就不會再有打火兄弟喪生火海。

對就業的影響有多大，經濟學家分兩派。悲觀者指出先進國家過去三十年薪資停滯，一部分雖可歸因於貿易與工作外移，資訊科技造成的中間工作流失卻占最大宗。超商代收水電費、信用卡費，就讓許多帳務就業機會消失。

科技未來學家科茲威爾（Ray Kurzweil）在兩千年出版的《心靈機器的時代》曾引用一則古印度故事：國王覺得西洋棋太棒了，想大大賞賜發明者，發明者說他只要米粒，照棋盤上的方格算，第一格放一粒（二的零次方），第二格放兩粒（二的一次方），第三格四粒（兩次方），再來八粒、十六粒、三十二粒如此下去。國王說沒問題。

棋盤六十四格，半盤是三十二格。上半盤放完，最後一格放二十一億粒左右，加總起來大約是十萬公斤米，數量還好。

但一進入下半盤，馬上風雲變色。從幾十億快速跳到兆、百兆、千兆。科茲威爾說，電腦運算力的成長也是如此，別以為「棋盤的上半盤」影響不大，下半盤也一樣。如今，悲觀者指出，無人車、無人化生產的時代來臨，我們正進入「棋盤的下半盤」。

看到街頭那麼多計程車、公車，每一輛都有一位司機，無人車怎可能不大大衝擊就業呢？樂觀派卻指出，科技在二十世紀亦是突飛猛進，大量工作都被機器取代，就業還不是一直成長？有了自動櫃員機，銀行雇員反而變多，因為拜科技之賜，金融服務變多元了。

這種說法套用在無人化生產，台灣似乎就很有理由樂觀。製造業最愛抱怨缺工，一直要求開放外勞額度。無人化生產不就是缺工的最好解方？

真正應該煩惱無人化生產的，好像應該是現有龐大工廠作業人口的國家，像中國。在年輕人老早不願進工廠的台灣，這應該是重振製造業的契機才對。如果製造出來的產品變多元，搞不好還可以增加就業。

台灣應該擔心的，可能不是機器取代人力，而是人力無法跟上全新工作模式。舉例，明明是科技島，理工人才最多，為何沒在商用無人機的市場占一席之地？

商用無人機是物聯網與大數據剛起步就冒出的第一個殺手級應用。在二〇一五年，全球市場估計有十四億美元，百分之七十歸中國品牌大疆（DJI），其餘則被美國、法國、韓國品牌瓜分。

台灣錯過這個產業的原因當然不在硬體。無人機所需的GPS晶片、飛控系統、通訊模組，台灣都不缺供應商。問題是，無人機的關鍵技術並不是硬體，而是軟體。台灣軟體人才嚴重不足，反映在無人機，就是我們錯過這個重要產業的起飛。

如果問題只是軟體缺人才，政府好像已找到解方。國家教研院已經宣布，從二〇一八年開始，所有中學生都要學習寫程式。

這樣可以解決問題嗎？好像不盡然。像無人機這種物聯網應用，設計者不但要懂軟體，還要懂得結合軟硬體。台灣的硬體人才雖然優秀，卻不太有跟軟體工程師共事的經驗。將來就算學校教出很多軟體高手，二種人才怎麼磨合，可能也需要時間。

其實，需要合作的，何止是軟體與硬體兩種人才，還有傳產與高科技兩種產業。

本來，傳產就是傳產，高科技就是高科技，二者井水不犯河水。遙控玩具飛機與智慧型手機，前者是傳產，後者是高科技，言下之意是遙控玩具飛機只算低科技。可是如今摩爾定律已走到盡頭，智慧型手機已到達運算速度的極致，無法再升級，馬上也要淪為低科技了。這時科技業不想被淘汰，就只能與傳產結合。

事實上，傳產若想生存，也只有轉成高科技一途。如果手機可以導航無人機，還可以把空拍畫面同步傳送到世界任一角落，傳統的遙控飛機怎還有生存空間？遙控飛機廠商勢必要轉型做無人機。

遙控飛機廠商轉型做無人機，功能就不能只是玩具。不做玩具要做什麼？空拍嗎？這個市場已被大疆佔去。或是做建物結構檢測？大樓保全？警務輔助？許多傳產業者在物聯網時代可能必須進入全新市場。

即使不進入新市場，傳產業者也必須為產品想出各種可能的智慧升級版。物聯網可為產品附加哪些新功能？音響喇叭加上感應器與音控晶片，可以隨氣溫與濕度自動調整音質。名牌包包加上密碼晶片，可以區分真品還是仿冒。

另一道必須倒下的高牆，則是在製造業與服務業之間。這點蘋果已做過示範：本來手機是製造業，電子商務則是服務業，蘋果卻把iPhone結合iTune Store，讓手機變成影音、遊戲、應用程式的供應平台。

無人機也正往同一方向發展，廠商賣的不只是出廠產品，也包含未來隨時會出現的軟體更新，還有出廠時還不存在的新應用。出廠時只是空拍機，將來裝了新軟體，就可變身地型測繪機。廠商提供給購買者的不再只是一年保固，還有長久的多元服務。

製造廠變身服務供應商，就必須與客戶互動出一套商業模式。舉例：如果無人機提供的服務是送貨，是按件計價；是大樓外牆清潔，就按面積收費；是交通警務，就看路網複雜度。到時決定勝敗的可能不是技術，是商業模式。

習慣接單代工的一大缺點，就是不擅長構思商業模式。這可能才是「棋盤的下半盤」帶給台灣的最大挑戰。

麥當勞啟示

五年級世代如我，童年外食經驗很少，因為當年的平價外食只有攤子，大人怕小孩吃了會感染B肝（註）。就算全家上館子，也輪不到小孩決定餐館，更別說小孩自己點餐。生日派對當然更是沒聽過。

一九八四年一月，麥當勞來到台灣，從此改變一切。店內的遊樂設施，還有附贈玩具，讓小孩從學走路開始，就成為家庭外食的決策參與者。麥當勞帶來的不只有美式飲食，還有尊重兒童的美式價值。

說麥當勞只帶來美式飲食是不公平的。它也帶來一種可複製的做事方式。有了這套方式，披薩、豬排飯、涮涮鍋都可快速發展成連鎖。台灣人的飲食從此變多元，也變平價。

也不只有飲食，整個服務業都因為麥當勞進來而大舉提升。它處理客訴的技巧、它對清潔的要求，都成為新標竿。台灣人一旦享用過麥當勞二十五分鐘清潔一次的洗手間，就無法再忍受其他公用洗手間的低標準了。

甚至，在提升公德心方面，麥當勞的貢獻也勝過政府宣導。李登輝一九七八年當上台北市長，年年大推排隊運動，但台北人搭公車依然好像北港朝天宮的過年搶頭香。原因很簡單，排隊作為一種約定俗成，是不可能光靠宣傳的。四十歲以上台灣人的最初自主排隊經驗，應該都發生在麥當勞。麥當勞帶來一套人群控制技巧，讓當年沒排隊習慣的台灣人乖乖排隊。後來，這套技巧被其他單位學去，排隊場合變多，台灣人就養成排隊習慣了。

可以說，麥當勞來台三十一年，台灣已從它學到很多。如今它在台灣從直營改成授權，我們與其悲嘆市場高成長不再，不如積極點，想想麥當勞對此刻的台灣是否可以帶來一些啟示。

光看麥當勞創業史，就可以帶來許多啟示。偉大企業家幾乎都是年富力強就創業，麥當勞卻是大例外。這家偉大企業背後的創業家雷．柯洛克（Ray Kroc）是年老體衰才創業。

柯洛克在五十二歲時，只是個事業遇到瓶頸的歐吉桑，身體亦不硬朗。他有糖尿病和關節炎，已摘除膽囊與甲狀腺。那年是一九五四，他第一次走進麥當勞兄弟經營的漢堡店，眼睛一亮，就想：「這是我下一個要賣的東西。」

他大半輩子都在做推銷，剛好他代理十幾年的奶昔機遇到強勁對手，銷售大跌，這時他發現了麥當勞，就跟老闆毛遂自薦，要幫忙推廣加盟。

當時，麥當勞已有八家分店。到了一九六一年，柯洛克把它推廣成兩百家。他認為這只是開始，麥當勞兄弟卻沒有類似的生意頭腦。柯洛克只擁有加盟代理權，拳腳伸展不開，只好忍痛借錢把股份全買下。這時，他才總算擁有麥當勞經營權。

五十九歲對別人來說已在等退休，柯洛克卻人生才開始。到了一九八四，他以八十二歲之齡過世時，麥當勞已發展成全球七千五百家分店的巨無霸。

他的成功秘訣是什麼？

可別以為麥當勞的知名工作模式是柯洛克原創。標準化的漢堡規格是一九二一年創立的「白色城堡」餐廳首創。在柯洛克還沒發現麥當勞之前，麥當勞就已經具有菜單精簡、出餐快速、單價便宜、環境清潔、取餐找位皆自助的營運模式。

吉祥物「麥當勞叔叔」是華府加盟店原創，旗艦產品「大麥克」是匹茲堡加盟店原創。帶來錢潮滾滾的「快樂兒童餐」則是中美洲瓜地馬拉加盟店的原始概念，再由總公司外包給廣告代理商去做產品規劃。

不靠原創，那柯洛克憑什麼成就霸業？

首先，他贏在視野與經驗。他在一九五四年走進麥當勞之前，已有三十年餐具推銷生涯，走遍美國看過大大小小餐館。他一眼看出麥當勞模式可以大量複製，麥當勞兄弟卻看不出來。

二來，在推銷生涯中，他看過太多被剝削的加盟業者。因此他一開始推廣加盟，就一直在替加盟者著想。一九六一年，公司還在高負債狀態，他就設立漢堡大學，幫加盟者培養人才。

因為替加盟者著想，他才會在美國速食業群雄蜂起的六十年代投入大量行銷資源，因此才有麥當勞叔叔、快樂兒童餐。即使在今天的台灣，光看電視都可以感覺麥當勞的廣告、贈品促銷方案比所有競爭對手都多。

也是為了支援加盟者，柯洛克一買下麥當勞經營權，就專設一個實驗室，專做各種流程優化的研發：準備食物的流程、應付各種狀況的流程。高效率做事方式雖不是他原創，他卻總能要求實驗室把它研發到最先進。

當年不習慣排隊的台灣人突然學會排隊，也要感謝總公司的經驗傳授，這些經驗是從全球數千分店不斷嘗試錯誤，累積出來的。

麥當勞的成功故事告訴我們，創業不必年輕，亦不必是發明者。中老年或許體力稍遜，卻有年輕人最缺乏的視野與智慧。中老年也較懂得替別人著想。只要再加上不服老與不服輸，亦可成就偉大事業。

註：其實B肝是母子垂直傳染，還有體液或血液傳染，不是飲食傳染。但衛生署當年的確把B肝宣導成是飲食傳染。

後記

本書最早寫的文章是〈什麼是國際觀？〉一文。二〇〇四、〇五年，李家同、洪蘭、龍應台陸續發表文章批評台灣人（或台灣年輕人）沒國際觀，挑起不小波瀾，社會開始將「台灣人沒國際觀」現象歸因於本土化，我既反對這種歸因，也不是百分百同意「台灣人沒國際觀」這個結論，因此就在廣播中講了這個題目，當時寫成兩千字左右的廣播稿。

文章發展成八千字，是因為我在二〇〇九年後在幾個單位演講同一題目。為了講足兩個鐘頭，加入台灣史的反思。今日所有「本土」，都是前代台灣人國際化的結果，這點我很確定。我不確定的，是台灣為什麼成了中國周邊唯一例外，遲至十六世紀還不與中國往來。這「千年孤獨」，或說「沒國際觀的一千年」，怎麼解讀都很容易政治化，是這篇講稿遲遲沒發表成文字的原因。

其他文章則是二〇一三年起陸續發表於《天下》。但雜誌專欄只算初稿，收進書中大半都有增刪改寫。有的新增內容是當初篇幅限制只好割愛，有的則是因為世界變化太快，我必須跟著修正看法。例如在一四年，我曾主張中國影視創作者絕不敢碰《紙牌屋》那種題材，但一七年《人民的名義》熱播，就必須刪整句了。取而代之的新段落是解釋《人民的名義》是如何為政治犧牲藝術，因此當然不如《紙牌屋》。

另外也有改寫的，則是與科技有關。一五年我寫高等教育科技革命時，還以為「磨課師」可取代真人教學。發表沒多久就改變心意，這次趁出書改掉，並把目前看來前景更好的「師博課」補寫進去。

對我來說，熱血、狼性、小確幸不只是流行，也是代表時代精神（Zeitgeist）

的關鍵詞。時代精神的生成當然是受現實刺激，可是一旦生成，也會反過來鞏固現實。「走出舒適圈」會變關鍵詞，是年輕世代這幾年真的機會寡少。可是如果最進取的年輕人都抱著「走出舒適圈」心態離開台灣，台灣經濟一定會更悶，把機會變更寡少。一切改變都必須從心開始。這是為何我把討論時代精神的文章放最前面。

最後一輯有幾篇文章都在批評企業家。我的確認為，台灣產業失去動能，企業家要負的責任比政府大，因為過去三十年，政府制定政策時，聽最多也是企業家的意見。我雖然認為台灣企業家太老，卻不認為老就一無是處，就應該讓位。企業家也有老得很精彩，老得天行健君子自強不息的。所以，我把歌頌麥當勞的文章放最後面。

最低的水果摘完之後 / 顏擇雅著. -- 第一版. -- 臺北市 : 天下雜誌, 2018.1
面； 公分. -- (新視野 ; 23)
ISBN 978-986-398-299-9(平裝)
1.臺灣經濟 2.臺灣社會 3.文集
552.337 106020559

新視野023

最低的水果摘完之後

作　　者／顏擇雅
責任編輯／黃惠鈴
封面設計／莊謹銘
內頁排版／極翔企業有限公司

發 行 人／殷允芃
出版一部總編輯／吳韻儀
出 版 者／天下雜誌股份有限公司
地　　址／台北市 104 南京東路二段 139 號 11 樓
讀者服務／（02）2662-0332　傳真／(02）2662-6048
天下雜誌GROUP網址／ http://www.cw.com.tw
劃撥帳號／01895001天下雜誌股份有限公司
法律顧問／台英國際商務法律事務所・羅明通律師
總 經 銷／大和圖書有限公司　　電話／（02）8990-2588
出版日期／2018 年 1 月 3 日第一版第一次印行
定　　價／320元

書號：BCCS0023P
ISBN：978-986-398-299-9（平裝）

天下網路書店 http://www.cwbook.com.tw
天下雜誌出版部落格－我讀網 http://books.cw.com.tw
天下讀者俱樂部 Facebook　http://www.facebook.com/cwbookclub
本書如有缺頁、破損、裝訂錯誤，請寄回本公司調換

天下雜誌

觀念領先